RECUEIL
DE
CHANSONS

ROMANCES

CHANSONNETTES

SCÈNES COMIQUES.

L'éditeur déclare se réserver les droits de reproduction et de traduction à l'étranger.

Ce volume a été déposé au Ministère (direction de la Librairie), le   1861.

Paris. — Typ. Chaumont, 6, rue Saint-Spire.

ALBUM

DU

GAI CHANTEUR

TOME PREMIER.

PARIS

A. HURÉ, Libraire-Éditeur

44, RUE DAUPHINE, 44

Près du Pont-Neuf.

~~1861.~~
1859.

ALBUM DU GAI CHANTEUR.

MARIEZ-VOUS DONC!!!

Gaudriole Populaire
de Jules JEANNIN.

Air : Ça n' me gên' pas (de Z. BOUCHER),
Arrangé par l'auteur des paroles.

*La musique se trouve chez A. HURÉ, libraire-éditeur,
44, rue Dauphine (près le Pont-Neuf).*

Tiens! c'est vous... bonjour ma voisine;
Auriez-vous vu mon gueux d' mari?
Faut vous dir' que j' suis ben chagrine :
D'puis avant-z-hier qu'il est sorti,
J' n'ai pas la moindr' nouvell' de lui!
Vous avez l' nez creux, mam' Prudhomme,
D' vouloir que l' vôtr' reste garçon...
Ah! si j'avais su!... brigand d'homme!!!
    Mariez-vous donc!!! (4 fois.)

Album du Gai Chanteur.   1re livraison.

Comme il m'a monté l' coup, ma chère,
Le premier jour du conjungo !
I' s' s'rait mis en quatr' pour me plaire,
I' laissait l' vin pour boir' de l'eau ;
Enfin, il s' montrait tout en beau.
C' n'est pas sans raisons qu' je l' dénigre :
I' m' faisait l'effet d'un mouton,
Un mois après, c'était un tigre !
    Mariez-vous donc !!!

Lorsqu'au dehors on l' contrarie,
Ou qu'on n' fait pas comme il voulait,
C'est sur moi que r'tombe sa furie ;
Il rentre chez nous tout violet
Et m' fait la chasse à coups d' balai.
Quand, r'venu d' sa colère extrême,
J' veux qu'il m'en donn' l'explication,
Il m' dit : « J' suis comm' ça parc'que... j' t'aime ? »
    Mariez-vous donc !!!

Tout' la saint' journé' je m' tiens l' ventre :
Y gna qu' des ognons dans l' buffet...
Puis, à minuit, quand monsieur rentre,
Faut qu' j'écout', d'un air satisfait,
Le détail des bons r'pas qu'il fait.
Je m' dessèche, j' tourne à la planche,
Tandis qu'il s' fourr' tout c' qu'y a d' bon...
Il n' me mèn' manger que l' dimanche...
    Mariez-vous donc !!!

Dans les premiers temps d' notr' mariage,
J'étais forcé d' lui dir' souvent:
Mon cher époux soyez plus sage :
Vous n' s'rez pas toujours si galant...
N' m'embrassez pas aussi souvent.
Maint'nant son ardeur est si mince,
Qu'on l' prendrait pour un vrai glaçon...
Pour avoir un mot, faut qu' je l' pince...
    Mariez-vous donc !!!

L'autr' nuit, en sursaut je m' réveille
Au milieu d'un song' biscornu,
Et j' veux m' pencher à son oreille
Pour lui raconter c' que j'ai vu :
Mon gueux d'homme était disparu !
J' le r'trouv' chez la voisine Ursule,
Sur laquell'... j'avais un soupçon...
I' m' dit : « Qu' veux-tu ! J' suis somnambule. »
    Mariez-vous donc !!!

I' fait grand bruit pour p'tit' besogne :
Avec tous les vic's il est né...
Il est menteur, gourmand, ivrogne ;
Dans l' ménag' tout c' qu'y a d' gagné
Pass' par le trou qu'il a sous l' né...
Moi qu'étais pimpant', faut qu' je l' dise,
C'est à pein' s'il m' reste un jupon,
En gag' ma crinoline est mise !...
    Mariez-vous donc !!!

MOI, ÇA M'AMUSE

CHANSONNETTE

Air : *Je m'embête* (**G. Nadaud**),

Musique de V. Boullard.

Dans cette vie, on a peu de plaisir.
Un vieux dicton, qui pourtant rien ne prouve,
Dit qu'on le doit prendre dès qu'on le trouve ;
Aussi, chacun s'empresse à le saisir.
Je mets le mien à caresser la muse,
Pour lui surprendre au vol quelques couplets :
Sans m'inquiéter s'ils sont bons ou mauvais...
      Moi, ça m'amuse.

Lorsque je vois un mari malheureux,
Presser les mains à l'amant de sa femme,
Son sort me fait bâtir un mélodrame,
Où le beau rôle est au couple amoureux.
Pauvres maris ! que d'efforts, que de ruse,
Pour vous tromper, emploient tous ces gandins !
En bon garçon, bonnement je vous plains...
      Mais, ça m'amuse.

Lorsque je vais au Théâtre-Français,
Je perds le fil dans une comédie ;
Si je m'endors pendant la tragédie,
Je me réveille au bruit de son succès.
Ai-je bon goût?... Plus d'un me le refuse :
Aimer à rire... on n'en est pas plus sot.
J'ai vu, dix fois, jouer *Le Punch Grassot*...
   Moi, ça m'amuse.

Je ris beaucoup quand je vois, sans façon,
Dumas, Gozlan, Balzac l'inimitable,
Eugène Sue, écrivain regrettable,
Mis au rebut par un vers de chanson !
La chanson meurt ; — avec l'orgue tout s'use. —
Le livre alors, sous vingt formats nouveaux,
Vient éclairer des lecteurs moins... badauds...
   Et les amuse.

Rose est charmante et ferait des heureux ;
Mais elle dit aux oiseaux de passage :
Je n'ai qu'un cœur et je rêve en ménage
Le doux plaisir de roucouler à deux.
Craignant toujours qu'un amant ne m'abuse,
Je vis seulette, et fais ce que je dois :
J'ai mes chansons, mon aiguille et mes doigts...
   Et ça m'amuse.

Je ris de ceux qui risquent un cheval,
Pour quelques louis de gain, dans une course ;
Et de ceux-là, qui vont perdre à la Bourse
L'argent qu'ils ont, au prix de tant de mal.
Je ris, — ici, j'ai besoin qu'on m'excuse, —
Mais... ces combats, ces dîners de journaux,
Qui sont suivis de longs procès-verbaux...
    Tout ça m'amuse.

Vous le voyez, Messieurs, je ris de tout :
Tout ici-bas, hélas ! me donne à rire !
J'aurais beau jeu, si j'en voulais plus dire,
Et ma chanson craindrait plus d'un atout.
Si vous riez des écarts de ma muse,
Si vous baillez entre chaque couplet,
Applaudissez ou chutez s'il vous plaît...
    Moi, ça m'amuse...

Jules CHOUX.

Mr et Mme DENIS,

SOUVENIRS NOCTURNES

DE

DEUX ÉPOUX DU DIX-SEPTIÈME SIÈCLE

La musique se trouve chez A. HURÉ, *libraire-Editeur,*
44, *rue Dauphine (près le Pont-Neuf).*

Il avait plu toute la journée, et n'ayant pu aller le soir faire leur partie de loto chez Mme Caquet, sage-femme, rue des Martyrs, M^r et Mme Denis s'étaient couchés de bonne heure. Au bout de vingt-trois minutes, Mme Denis, qui ne dormait pas, impatientée du silence obstiné de son mari, qui n'avait pas cessé de lui tourner le dos, soupira trois fois, et prit la parole :

> Quoi ! vous ne me dites rien ?
> Mon ami, ce n'est pas bien ;
> Jadis c'était différent ;
> Souvenez-vous-en, souvenez-vous-en...
> J'étais sourde à vos discours,
> Et vous me parliez toujours.

Mr DENIS, *se retournant.*

> Mais, m'amour, j'ai sur le corps
> Cinquante ans de plus qu'alors ;
> Car c'était en mil-sept-cent :

Souvenez-vous-en, souvenez-vous-en...
An premier de mes amours,
Que ne duriez-vous toujours !

Mme DENIS, *se ravisant.*

C'est de vous qu'en sept-cent-un
Une anguille de Melun
M'arriva si galamment !
Souvenez-vous-en, souvenez-vous-en...
Avec des pruneaux de Tours
Que je crois manger toujours.

Mr DENIS.

En mil-sept-cent-deux, mon cœur
Vous déclara son ardeur ;
J'étais un petit volcan !
Souvenez-vous-en, souvenez-vous-en...
Feu des premières amours,
Que ne brûlez-vous toujours !

Mme DENIS.

On nous maria, je crois,
A Saint-Germain-l'Auxerrois :
J'étais mise en satin blanc ;
Souvenez-vous-en, souvenez-vous-en...
Du plaisir charmants atours,
Je vous conserve toujours !

Mr DENIS, *se mettant sur son séant.*

Comme j'étais étoffé !

Mme DENIS, *s'asseyant de même,*

Comme vous étiez coiffé !

Mr DENIS.

Habit jaune, en bouracan ;
Souvenez-vous-en, souvenez-vous-en...

Mme DENIS.

Et culotte de velours,
Que je regrette toujours.

(*Continuant*).

Comme, en dansant le menuet,
Vous tendites le jarret !
Ah ! vous alliez joliment !
Souvenez-vous-en, souvenez-vous-en...
Aujourd'hui, nous sommes lourds...

Mr DENIS.

On ne danse pas toujours.

(*S'animant*).

Comme votre joli sein
S'animait sous le satin !
Il était mieux qu'à présent :
Souvenez-vous-en, souvenez-vous-en...
Belles formes, doux contours,
Que ne duriez-vous toujours !

Mme DENIS.

La nuit, pour ne pas rougir,
Je fis semblant de dormir.
Vous me pinciez doucement ;
Souvenez-vous-en, souvenez-vous-en...
Mais, à présent, nuits et jours,
C'est moi qui pince toujours.

M. DENIS.

La nuit lorsque votre époux
S'émancipait avec vous,
Comme vous faisiez l'enfant !
Souvenez-vous-en, souvenez-vous-en...
Mais on fait les premiers jours
Ce qu'on ne fait pas toujours.

Mme DENIS.

« Comment avez-vous dormi ? »
Nous demandait chaque ami ;
« Bien » répondais-je à l'instant :
Souvenez-vous-en, souvenez-vous-en...
Mais nos yeux et nos discours
Se contredisaient toujours.

M. DENIS, *lui offrant une prise de tabac.*

Demain, songez, s'il vous plaît,
A me donner un bouquet.

Mme DENIS, *tenant la prise de tabac sous le nez.*

Quoi ! c'est demain la Saint-Jean ?

M. DENIS, *rentrant dans son lit.*

Souvenez-vous-en, souvenez-vous-en...
Epoque où j'ai des retours
Qui me surprennent toujours.

Mme DENIS, *se recouchant.*

Oui, jolis retours, ma foi !
Votre éloquence avec moi
Eclate une fois par an :
Souvenez-vous-en, souvenez-vous-en...

Encor votre beau discours
Ne finit-il pas toujours.

(*Ici* Mr DENIS *a une réminiscence*).

Mme DENIS, *minaudant.*

Que faites-vous donc mon cœur ?

Mr DENIS.

Rien !... je me pique d'honneur.

Mme DENIS

Quel baiser !... il est brûlant...

Mr DENIS, *toussant.*

Souvenez-vous-en, souvenez-vous-en...

Mme DENIS, *rajustant sa cornette.*

Tendre objet de mes amours,
Pique-toi d'honneur toujours !

Ici le couple bâilla,
S'étendit et sommeilla.
L'un marmottait en ronflant :
« Souvenez-vous-en, souvenez-vous-en... »
L'autre : « Objet de mes amours,
Pique-toi d'honneur toujours. ! »

LE TAMBOURIN

Entendez-vous le tambourin ?
    Vite à la danse ;   (bis.)
Entendez-vous le tambourin
Qui met le villageois en train ?

    Fi de la ville,
    On y vit tranquille ;
Point de gaîté : l'on danse à petits pas.
Au village on est plus habile,
Au village on rit aux éclats.
Entendez-vous le tambourin ? etc.

    Et quoi ! Lisette,
    Vous n'êtes pas prête ;
Votre fichu vous tient encore là ?
Déjà se gonfle la musette.
Et Colin vous attend là-bas.
Entendez-vous le tambourin ? etc.

    L'amour invite,
    Et chacun s'agite.
Et quoi ! la nuit nous arrive déjà.
Si la danse finit trop vite
La chanson la remplacera.
Entendez-vous le tambourin ? etc.

            Paroles d'un anonyme.

Paris, A. HURÉ, éditeur et seul propriétaire,
44, rue Dauphine, près le Pont-Neuf.

Tout exemplaire non revêtu du timbre de l'éditeur sera poursuivi comme contrefaçon.

Typ. Boisseau et Augros, pass. du Caire, 123-124.

LES CHATS
ET
LES RATS

CHANSONNETTE COMIQUE.

Paroles de NITOT ST-GILLES, Musique de LUDOVIC MAITHUAT.

La Musique se trouve chez **A. HURE**, libraire-éditeur à Paris,
rue Dauphine, n° 44, près le Pont-Neuf.

REFRAIN :

Ah ! mes p'tits *chats*, ah ! mes p'tits *rats*, (bis)
   Il est des gens ben scélé-*rats* !
Ah ! mes p'tits *chats*, ah ! mes p'tits *rats*,
   Il est des gens ben scélé-*rats* ! Ah !

La mèr' Michel n'avait pas tort,
D'pleurer le *chat* qu'ue l' croyait mort.
Ça prouv' un cœur des plus honnêtes ;
Car moi qui geint encor plus fort,
Ben sûr que vous plaindrez mon sort,
Pour peu que vous aimiez les bêtes !

Album du Gai Chanteur.   2ᵉ livraison.

Parlé. — Vous en êtes un autre, entendez-vous? que je disais justement l'autre jour à mon propriétaire; mettez un *terme* à vos injures; je paie le mien de *terme*, et j'ai le droit d'avoir un chat, dix chats, cent chats, si ça me plaît. Vous ne dites rien à Mme Canichon avec ses chiens! oui, *sept* chiens, enragés après mes chats; ni à Mme Cuisterie, avec son singe qui fait des grimaces indécentes; ni à Mme Peruchot, avec son perroquet qui dit des choses scandaleuses en société. Chaque femme de *ménage rit*, *rit* à sa façon,—entendez-vous? Quand vous ouvrez tous les soirs votre fenêtre pour prendre le *serein* et décrochez la cage du vôtre de *serin*, est-ce que je vous appelle canari? Moi, j'aime les chats, c'est mon goût; moi, je suis comme les chasseurs, je recherche les *chats-moi*; j'ai trente-six chats, parce que je veux vivre dans l'*entre-chat*; et quand mon *chat-pond*, je garde les petits; j'en ai fait l'*achat* de mon *chat*, il ne doit rien à personne; laissez-moi donc jouer au *chat* si ça me plaît, et ne me cherchez pas raison quand il n'y a pas de quoi fouetter un *chat*. D'ailleurs tout le monde en a plus ou moins de *chats :* les Arabes ont des *cha*-meaux, les modistes des *cha*-peaux, les architectes des *cha*-piteaux, les boulangers des *cha*-pelures, les *cha*-noines des *cha*-pelles, les *cha*-pelains des *cha*-pelets, les voyageurs des *cha*-rabancs, les marchands des *cha*-lands, les savants des *cha*-cals et les militaires des *scha*-kos. Je peux ben aussi avoir mes *chats*, mes simples *chats*, sans qu'on me *cha*-maille ou qu'on me *cha*-grine. Vous perdez votre temps ; j'en ai toujours eu, j'en ai encore, et j'en aurai toujours ; vous me disputeriez à m'en donner des *chats* plein la gorge, que vous ne me guéririez jamais de *ma toux*.

Les plus gras chiens et les roquets,
Les sing's, les s'rins, les perroquets,
Ça me déplaît, ça me boul'verse.
Des animaux c'est, selon moi,
Le *chat* qui s'*ra* toujours le roi,
A commencer par le *scha* d'Perse.

Parlé. — Ah ! dame, les *chats* c'est ma passion ; aussi je leur z-y fais un tas de *cha*-teries. Quand mon défunt vivait encore, je ne l'appelais pas mon *loulou*, mon *poulot*, mon *bichon*, non ; je l'intitulais mon *chat*, mon gros *chat*. Le pauvre cher homme ! c'est pourtant ce vieux monstre du sixième qui l'a fait mourir de *cha*-grin avec ses *rats*. Le *rat*, voilà un animal qu'on devrait prohiber : le *rat*, ça ne *sourit* à personne qu'à ce M. *Raton*; aussi il *ra*-folle de *rats*, et quoiqu'il soit plus gueux qu'un *rat*, il fait de son logis *un nid à rats*. Comme c'est *ra*-goûtant pour l'odo-*rat* ; il est tout *ra*-dieux d'avoir des *rats* de cave et des *rats* d'eau ; il a le *rat* de ne voir que des *rats* partout ; il *ra*-dotte, il *ra*-bache. Croiriez-vous qu'il soutient que les peintres sont des *ra*-pins, que les commissionnaires sont des *ra*-pporteurs, et que chacun aime un *rat* : le menuisier son *ra*-bot, le docteur les *ra*-cines, les fruitiers les *ra*-dis, les jardiniers les *ra*-teaux, les soldats les *ra*-ppels et les *ra*-taplans, les juifs les *ra*-bbins, les chiffonniers les *ra*-massis, les bavards les *ra*-gots, les curieux les *ra*-pports, et les gourmands des *ra*-goûts. Bref, il a marié ses filles avec un *ra*-meur et un *ra*-moneur, et tout *ra*-pace, tout *ra*-bougri, tout *ra*-tatiné et *ra*-falé qu'il est, il trouve *ra*-vissant de *ra*-vigoter ses *rats* avec une *ra*-tatouille de *ra*-tafia ; il vient même d'enlever un *rat* de l'opéra. — Ah !....

On dit qu'un jour quand nous s'rons morts,
Des bêt's il faut passer dans l'corps,
C'est un' grand' joi' que ça me cause ;
Car si je peux m' changer par là
En un p'tit *chat* pur angola,
J'bénirai la métam'sichose.

PARLÉ. — Ah ! mon Dieu ! il ne serait pas étonnant que l'âme de mon pauvre défunt soit passée dans le corps d'un de mes *chats* ! Non, ça ne m'étonnerait pas, d'autant plus qu'il avait l'habitude de se *griser*, et que l'on dit toujours que la nuit tous les *chats* sont gris ; ça ne m'étonnerait pas ; je suis même sûre que c'était lui li-*cha*-mor, mon gros rouge, que cet infâme *Raton* vient encore d'assassiner aussi. Pas plus tard qu'avant z-hier, je l'ai cité devant le juge de paix. M. le juge, que je m'exclamai, voilà le vieux pa-*cha* qui se fait des queues avec mes *chats*: l'un d'eux s'appro-*cha* sans qu'il l'effarou-*cha*; il l'atta-*cha*, le ca-*cha*, l'empo-*cha* et l'embro-*cha*; puis le monstre l'éplu-*cha*, le tran-*cha*, le ha-*cha* et le mâ-*cha*; c'est ce qui me fâ-*cha*. Allons donc, qu'il me dit, est-ce que je ne peux pas avoir un animal comme vous, l'impertinent! Ce n'est pas moi qui tue vos *chats*, mais bien vos *chats* qui mangent mes *rats*. La preuve c'est que l'autre soir un de mes *rats* s'aventu-*ra* et s'éga-*ra*; elle l'atti-*ra*, s'en empa-*ra*, le captu-*ra*, le massac-*ra*, si bien qu'il expi-*ra*, et que son *chat* le dévo-*ra*; c'est ce qui m'exaspé-*ra*, et je me dis elle me le paie-*ra*. Le juge tous-*sa*, cra-*cha*, se mou-*cha*, se pen-*cha*, et nous dit ce qui suit : Madame, je vous autorise à vous servir de mort aux *rats*, si ces *rats* longent votre logis. Quant à M. *Raton*, quand vos *chats* seront dehors, il peut les mettre dedans. Allez-vous-en dos à dos comme si c'était possible. Moi, je suis partie à reculons, rouge comme deux écrevisses; mais si indignée, si indignée, qu'en rentrant j'en ai miaulé avec mes *chats*.

Ah ! mes p'tits *chats*, ah ! mes p'tits *rats*, (*bis*)
Il est des gens ben scélé-*rats !*
Ah ! mes p'tits *chats*, ah ! mes p'tits *rats*,
Il est des gens ben scélé-*rats*. Ah !

LA CACHETTE AUX ÉPARGNES

ROMANCE.

Paroles d'HIPPOLYTE GUÉRIN, Musique de LUIGI BORDÈSE.

La Musique se trouve chez **A. HURE**, libraire-éditeur à Paris, rue Dauphine, n° 44, près le Pont-Neuf.

Près du blanc berceau de son nouveau né,
    Berthe la laitière,
    Veuve en sa chaumière,
Avait hors de vue et peu soupçonné
Un gentil coffret bien emprisonné.
C'est là qu'en rentrant, Berthe, au pas agile,
Glissait chaque soir trois sous de la ville...
    Petit trésor béni de Dieu,
    Grossis dans l'ombre
    De ton coin sombre;
    Grossis, grossis dans ton doux lieu
    Petit trésor béni de Dieu (*bis*).

Je veux, pensait Berthe, et Dieu veuille aussi,
    Je veux de la somme
    Acheter un homme,
Au conscrit futur que j'élève ici,
Quand l'heure adviendra qui fait mon souci.
Et sur ce coffret, par mois et journées
Le temps s'écoulait depuis vingt années...

Enfin resplendit, grave et redouté,
    Le jour du tirage
    Au pauvre village !
Son rosaire aux doigts, son fils à côté,
Berthe s'éloigna du chaume attristé.
Mais le ciel sourit à la prévoyance...
Un bon numéro fut sa récompense !!!
    Et c'est ainsi qu'au coin du feu
    Pour la richesse
    De sa vieillesse,
    Resta près d'elle en son doux lieu
    Le saint trésor béni de Dieu (*bis*).

LES CONSCRITS

MARCHE GUERRIÈRE

Sur l'air de la

RONDE CHANTÉE DANS LES CARRIÈRES DE MONTMARTRE.

La Musique se trouve chez **A. HURE**, libraire-éditeur à Paris, rue Dauphine, n° 44, près le Pont-Neuf.

Conscrits, faut quitter l'pays } bis.
Pour aller à la guerre;
Puisque l'sort nous a choisis
Pour vaincre les ennemis,
   Suivons l'régiment, } bis.
   En chantant gaîment :
   Viv' l'Etat militaire !

Ne craignons pas le brutal,
A la première affaire ! } bis.
Ça fait plus d'bruit que de mal ;
Soit à pied, soit à cheval,
   Allons-y gaîment, } bis.
   Suivons l'régiment :
   Viv' l'Etat militaire !

Conscrits, un jour paraîtra,
Notre histoire guerrière ; } bis.

Et celui qui la fira,
Aux autres pays dira :
　　Que not' régiment,   } bis.
　　Se battait gaîment...
　　Viv' l'Etat militaire !

D'la blouse à l'habit brodé,   } bis.
Ya l'épaisseur d'un verre ;
Quand le conscrit l'a vidé,
Il rêve...... qu'il est gradé,
　　Et trinque gaîment,   } bis.
　　A son avanc'ment...
　　Viv' l'Etat militaire !

En attendant qu'à not' choix, } bis.
Pour notre ardeur guerrière,
Nous ayons un' jamb' de bois,
Un nez d' carton ou... la croix,
　　Dans le régiment,   } bis.
　　Répétons gaîment :
　　Viv' l'Etat militaire !

　　　　　JULES CHOUX.

CHANSON DE LA BRISE

ROMANCE.

Paroles de P. S. NIBELLE, Musique de LOUIS LACOMBE.

La Musique se trouve chez **A. HURÉ**, libraire-éditeur à Paris, rue **Dauphine**, n° **44**, près le **Pont-Neuf**.

Voici que les roses
Font place aux moissons,
Et qu'à peine écloses
Meurent les chansons.
Vois, la fleur nouvelle
Cesse d'embaumer,
Comme elle, encor belle, *(bis)*
Hâte-toi, hâte-toi d'aimer.

Le parfum s'envole,
Le rayon pâlit;
La beauté frivole
Vite se flétrit.
Sur la blonde aurore,
Nul ne peut compter;
Il est temps encore, *(bis)*
Hâte-toi, hâte-toi d'aimer.

La frileuse automne
Ravit à nos bois
Leur fraîche couronne
Et leurs douces voix.
Le temps, tout enlève
Ce qui peut charmer;
La vie est un rêve, *(bis)*
Hâte-toi, hâte-toi d'aimer.

PEUT-ON SAVOIR
OU DIEU NOUS CONDUIRA.

E. DEBRAUX.

La Musique se trouve chez **A. HURÉ**, libraire-éditeur à Paris, rue Dauphine, n° 44, près le Pont-Neuf.

Faibles mortels jetés sur cette terre,
Sans trop savoir ni pourquoi, ni comment;
N'essayons pas d'éclairer ce mystère;
Rions de tout et voyageons gaîment.
Portons sans cesse une main peu timide
Sur chaque fleur que la route offrira;
Plus loin peut-être est un chemin aride :
Peut-on savoir où Dieu nous conduira ?   (bis.)

Où t'en vas-tu ? dit-on au bon Esope :
« Je n'en sais rien, répond-il savamment. »
Le guet à pied qui soudain l'enveloppe,
Droit en prison le mène lestement.
« Vous voyez bien, dit-il alors, mon maître,
J'avais raison, chacun vous le dira;
J'allais aux champs, et j'arrive à Bicêtre.
Peut-on savoir où Dieu nous conduira ? »   (bis.)

Ah ! si jamais je devenais ministre,
Dit un Gascon, je repousserais l'or !
Il y parvient... il enfle son registre,
Et le voilà qui prend et prend encor.
Sur nos discours, de peur qu'on nous moleste,
Ne disons rien, advienne que pourra ;
Le cœur est droit, mais la main est si leste :
Peut-on savoir où Dieu nous conduira ? (*bis.*)

De nos héros exploitant l'héritage
Un conquérant, l'effroi des potentats,
Voulut un jour que le Tibre et le Tage
Vinssent couler au sein de ses Etats.
Déjà sa voix retentit dans la plaine,
Dont le zéphir au Czar la redira ;
Mais du Kremlin il tombe à Sainte-Hélène :
Peut-on savoir où Dieu nous conduira ? (*bis.*)

Gros matadors de la sainte alliance,
Qui ballottez les peuples et les rois,
De vos congrès n'excluez pas la France,
Daignez avoir des égards pour ses droits.
Quoique la paix ait pour nous bien des charmes,
Peut-être un jour cette paix finira ;
Et si jamais nous reprenons les armes,
Peut-on savoir où Dieu nous conduira ? (*bis.*)

Dans une chapelle, une ci-devant vierge
Sans badiner allait droit à son but ;

De chaque main offrait un jour un cierge
A saint Michel et l'autre à Belzébut.
Bien fou, dit-elle, est celui qui se flatte,
Qu'en paradis tout fin droit il ira ;
Au Diable même il faut graisser la patte :
Peut-on savoir où Dieu nous conduira ? *(bis.)*

Les détracteurs de l'Église romaine,
Qui même entre eux sont rarement d'accord,
Citent en vain l'abîme où l'on nous mène ;
Moi, franchement, je n'en vois point encor.
Mais à l'aspect de l'ultramontanisme,
Ainsi que moi tout Français s'écrira,
S'il prête, hélas ! l'oreille au fanatisme :
Peut-on savoir où Dieu nous conduira ? *(bis.)*

MAISON SPÉCIALE

A. HURÉ

LIBRAIRE-ÉDITEUR,

RUE DAUPHINE, 44, PRÈS LE PONT-NEUF.

On trouve dans cette Maison tout ce qui existe de Musique, Chant et Airs d'Opéra, publiés en petit format, à 20, 25, 40, 50 et 60 centimes, ainsi que le Catalogue de ces diverses publications. (ÉCRIRE FRANCO.)

Tout exemplaire non revêtu du timbre de l'éditeur sera poursuivi comme contrefaçon.

Paris. — Typ. CHAUMONT et COPIN, 6, rue Saint-Spire.

A LA RONDE,
BUVONS-DONC!

CHANSON BACHIQUE,

Sur un refrain populaire Normand.

REFRAIN :

« A la ronde, eh ! buvons donc,
De ce vin, le meilleur du monde !
A la ronde, eh ! buvons donc,
De ce vin, car il est bien bon. »

Qui, point n'en boira,
Aura la pépie,
Ou bien, il mourra...
D'une aut' maladie.
    A la ronde, etc.

J' viens d'en héritais,
D' mon cousin Magloire.
Il l'avait tirais...
C'est à nous de l' boire !
    A la ronde, etc.

L'avar' n'a point dû
Partir pour *la gloire* ;
Puisqu'il s'est pendu
De peur d'en trop boire !
    A la ronde, etc.

Album du Gai chanteur.   3e Livraison.

A coups d' gaul', cheu nous,
Se fait la vendange ;
Aujourd'hui, pour vous,
J' mets tout en vidange...
    A la ronde, etc.

Pour boire, aux Normands,
Au cidre, à la bière,
Trinquons, vieux gourmands :
Rouge est notre verre !
    A la ronde, etc.

Pour voir, entre nous,
Lequel, du vin d' France,
Ou du cidre doux,
Vaut la préférence...
    A la ronde, etc.

Pendant qu' maint buveur
Qui n'est pas bon diable,
Pour sa part du chœur
Ronfle sous la table...
    A la ronde, etc.

Et nous, au caveau,
Ne laissant qu' la lie,
Nous crierons : *bravo !*
La *pièce* est finie !
    A la ronde, etc.

JULES CHOUX.

LE CRÉANCIER DE MARTHE

CHANSONNETTE.

Paroles de HIPPOLYTE GUÉRIN, musique de LUIGI BORDÈSE.

La Musique se trouve chez **A. IKURÉ**, libraire-éditeur à Paris, rue Dauphine, n° 44, près le Pont-Neuf.

Marthe avec ses sœurs au bal du village,
Par un jour d'été s'en allait gaîment,
Lorsqu'un beau garçon lui dit au passage :
Je suis créancier d'un baiser charmant.
Aux jeux de l'hiver, dans nos maisonnettes,
Je vous l'ai gagné, j'en ai souvenir ;
Ma gentille enfant, payez donc vos dettes,
    Payer ses dettes (*ter*), c'est s'enrichir !
    Payer ses dettes (*bis*), c'est s'enrichir !

Oui dà ! vous croyez, répondit la belle ;
D'où vient cependant que le vieux Julien,
Brave métayer, que l'honneur console,
A soldé partout, et qu'il n'a plus rien.
Chez d'autres que nous portez vos sornettes,
Créanciers sournois qui, pour m'endormir,
Affirmez si haut, que payer ses dettes,
    Payer ses dettes, etc.

Mais du doux baiser que Marthe refuse
L'adroit réclameur se fit ravisseur,
Et Marthe aussitôt s'embellit confuse
D'un nouvel attrait, c'était sa rougeur.
A ce prompt miracle on vit les fillettes,
D'elles-mêmes alors, et non sans plaisir,
Reconnaître enfin que payer ses dettes,
    Payer ses dettes, etc.

AUSSITOT QUE LA LUMIÈRE

CHANSON DE
MAITRE ADAM.

La Musique se trouve chez **A. HURÉ**, libraire-éditeur à Paris, rue Dauphine, n° 44, près le Pont-Neuf.

Aussitôt que la lumière
A redoré nos coteaux,
Je commence ma carrière
Par visiter mes tonneaux.
Ravi de revoir l'aurore,
Le verre en main, je lui dis :
Vois-tu sur la rive more
Plus qu'à mon nez de rubis ?

Le plus grand roi de la terre,
Quand je suis dans un repas,
S'il me déclarait la guerre,
Ne m'épouvanterait pas.
A table, rien ne m'étonne,
Et je pense quand je bois :
Si là-haut Jupiter tonne,
Que c'est qu'il a peur de moi.

Si quelque jour étant ivre,
La mort arrêtait mes pas,
Je ne voudrais pas revivre
Pour changer ce grand trépas.

Je m'en irais dans l'Averne
Faire eniver Alecton,
Et planter une taverne
Dans la chambre de Pluton.

Par ce nectar délectable
Les démons étant vaincus,
Je ferais chanter au Diable
Les louanges de Bacchus.
J'appaiserais de Tantale
La grande altération,
Et passant l'onde infernale
Je ferais boire Ixion.

Au bout de ma quarantaine,
Cent ivrognes m'ont promis
De venir, la tasse pleine,
Au gîte où l'on m'aura mis.
Pour me faire une hécatombe
Qui signale mon destin,
Ils arroseront ma tombe
De plus de cent brocs de vin.

De marbre ni de porphire
Qu'on ne fasse mon tombeau ;
Pour cercueil, je ne désire
Que le contour d'un tonneau.
Et veux qu'on peigne ma trogne
Avec ces vers à l'entour :
« Ci gît le plus grand ivrogne
« Qui jamais ait vu le jour. »

J'VIENS D'HÉRITER

CHANSONNETTE NORMANDE

Chantée par **E. CLÉMENT**, aux Concerts de la Salle Barthélemy.

Paroles du Vte E. DE RICHEMONT, musique de V. ROBILLARD.

La Musique se trouve chez **A. HURÉ**, libraire-éditeur à Paris, rue Dauphine, n° 44, près le Pont-Neuf.

REFRAIN :

J'viens d'hériter d'mon parrain,
C'est du bonheur avec d'la chance ;
On peut courir par tout' la France,
Y a pas bonheur pareil au mien.
    Pour en êtr' certain,   } bis.
    Regardez-moi bien.

On me flatte que ça m'assomme,
Et je me dis chaque matin :
C'est y ben vrai mon pauvr' bonhomme
Qu't'as hérité de ton parrain.

Mais voui, mais voui ; n'y a pas t'a dire,
J'en suis fou, qu' j'en suis t'enrageais ;
A moins, pourtant, qu'histoir' de rire,
Qu' pendant la nuit on m'est changeais.

PARLÉ. — (*A lui-même et se tâtant le corps.*) On n't'a pas *changeai*, pas vrai, mon p'tit Pierre. (*Riant bêtement.*) Oh ! mais, non ; oh ! mais, non ; qu' c'est toujours ma corpulance,: ah ! ah ! ah ! et *iune* belle. Mais quoique j'vas donc faire de toute c'te richesse : cent francs, trois oies, un âne et une meule de paille ; jamais j'pourrai manger tout ça... Dis donc, Nicolas, tu sais ben la petite Jabotte, la fille au taupier, à qui que j'fais les yeux.... Elle disait comme ça, que j'avais besoin de m'dégourdi... Eh ben ! y a d'quoi, à présent ; y a d' quoi : j' vas faire des farces comme un notaire ; j' vas jacasser comme un avocat, et m' promener comme un facteur... Oh ! mais, oui ; ma fortune me l'permet, puisque (*au refrain*).

Nicolas, tu voudras pas m'croire ;
Pourtant, c'est vrai, tout comm' t'es là :
Je viens d'arriver de la foire ;
Tu n'as rien vu de beau comm' ça.
Y avait des tambours, des trompettes ;
Des messieurs d'or tous reluisants,

Des danseuses, des marionnettes,
Des bourgeois, qu'arrachaient des dents.

PARLÉ. — T'as jamais vu ça, toi, des marionnettes... Pauvre innocent ; qu' t'es encore sauvage... Tiens, v'là c'que c'est : Y a comme qui dirait un espèce d'grand tonniau d'cidre en toile, et sur le d'sus qu'est défoncé v'là qu'arrive un p'tit bossu qu'a nom Pourchinel ; c'est l'y qu'est *futai :* il tient comme ça un gros bâton caché dans l'creux de sa main, sans avoir l'air d'avoir l'air, et il s'met à chanter comme ça (*il imite le cri du polichinelle*). V'là qu'arrive un *hussier* qui veut l'embêter, et vlan, et vlan, y s'met à capucher d'sus qu' c'est à s'rouler d'rire ; tiens, comme ça (*il imite polichinelle frappant sur l'autre marionnette*)..... Oh ! mais, c'est pas tout : faut voir les *harcules ;* tu sais pas c'que c'est les *harcules :* c'est des espèces d' messieurs qu'ont pas d' chemises, sous votre respect, et qui se fichent une roustée ; tiens, v'là comment qui font... comme ça (*il prend les pauses des lutteurs*), et pis, comme ça..... Quand ils se sont échinés, v'là c' qui font (*il imite d'une façon burlesque les poses du gladiateur, de Spartacus, d'Apollon, etc., etc.*). Ah ! mais ; mon pauvre petit, c'est pas encore ça qu'est l' plus biau...: c'est les danseuses de corde... A pas peur, ne baisses pas les yeux... Pas plus d' jupon qu' ça, mon bonhomme... (*se mettant le doigt dans la bouche et regardant à droite et à gauche comme voulant dire un secret*) ; et des mollets... cré bouffre, quels mollets...; j'en dev'nais noir à force d'êtr' rouge..., surtout quand elles faisaient comme ça (*il imite les poses des danseuses de corde. Riant bêtement :*) Ah! ah! ah! qu'elle vienne donc dire Jabotte que suis pas dégourdi depuis que (*au refrain*).

    Mais, tu n'sais pas le plus cocasse :
    Pendant qu'je m'donnais du plaisi,
    V'là t'il pas qu'j'aperçois t'en face
    Jabott' qui m'voyait dégourdi.
    Tiens, c'est toi, que j' lui dis, petite;
    Comment donc t'as trouvé l'chemin?
    Tu veux savoir, quand on hérite,
    Comment qu'on fait pour êtr' malin.

PARLÉ. — Eh ben! viens avec moi...; n'a pas peur. (*Riant bêtement.*) Eh! eh! c'est pour m'dégourdi que j'regardais les danseuses... V'là qu'a s'met à pleurer comme un arrosoir... Tiens, que j'lui dis, l'temps est à la pluie...; c'est pas étonnant, la pivart à chanté à c'matin... C'était y rusé, ça, pas vrai Nicolas... Allons, que j'lui dis, fais pas la niaise ; j'vas te donner de l'agrément. V'là que j' l'emmène devant une manière en espèce de tourniquet qu'ils appelaient un jeu de bague, qu'est fait comme une manière de meule à moulin, vu qu'ils avaient attachai des ch'vaux d'bois... V'là qu'quand nous fûtes dessus, ça s'met à tourner, à tourniller, qu'la tête m'en chavirai, quoi ! Et Jabotte qui criait : arrêtez ! arrêtez ! mais, arrêtez donc, ou j'lache tout...! et patatras, v'là qu'nous tombons sous les pieds des ch'vaux d'bois, qui m'dansaient sur l'ventre ; fallait voir mon pauvre dos qu'était sans connaissance... C'est-il Dieu possible comme on s'amuse quand on a des moyens.

J'viens d'hériter d'mon parrain,
C'est du bonheur avec d'la chance ;
On peut courir par tout' la France,
Y a pas bonheur pareil au mien.
 Pour en être certain,   } *bis.*
 Regardez-moi bien.

LAISSEZ
LES
PRUNES AUX PRUNIERS

Parodie chantée par

ÉDOUARD CLÉMENT

à la Salle Barthélemy.

Paroles d'ADOLPHE JOLY.

AIR : *Laissez les roses aux rosiers.*

Gamin, l'herbe verte verdoie,
La grenouille dit sa chanson ;
De Montrouge à la Patte-d'Oie
Les lézards ronflent sans façon.
Voilà six sous pour ton dimanche ;   } *bis.*
Peigne toi, cire tes souliers :
Mais laisse l'oiseau sur sa branche ;   } *bis.*
Laisse les prunes aux pruniers !
Laisse les prunes aux pruniers !

Vieux papillon célibataire,
Pourquoi te farder tous les jours ?
A soixante ans, crois-tu donc plaire
Ça ne peut pas durer toujours !
En dessous ne lorgne ni Lise,   } *bis.*
Ni les fleuristes du quartier ;
On rirait de ta convoitise :   } *bis.*
Laisse les fraises aux fraisiers !
Laisse les fraises aux fraisiers !

Et vous, qui faites la romance,
Soyez donc plus gais, s'il vous plaît!
On sanglotte dès qu'on commence,
On se mouche à chaque couplet.
Laissez la plainte aux gens célèbres, } *bis.*
Le vinaigre aux vinaigriers,
Les cyprès aux pompes funèbres : } *bis.*
Laissez les cerneaux aux noyers!
Laissez les cerneaux aux noyers!

Laissons le flatteur qui s'incline,
Comme un concierge au jour de l'an;
Laissons, laissons la crinoline ;
Laissons le fiacre et son cadran.
Laissons le drame famélique, } *bis.*
Laissons la crème à nos laitiers :
Le raisin donne la colique... } *bis.*
Bah !... laissons les fruits aux fruitiers !
Bah !... laissons les fruits aux fruitiers !

MAISON SPÉCIALE

A. HURÉ

LIBRAIRE-ÉDITEUR

RUE DAUPHINE, 44, PRÈS LE PONT NEUF

On trouve dans cette Maison tout ce qui existe de Musique, Chant et Airs d'Opéra, publiés en petit format, à 20, 25, 40, 50 et 60 centimes, ainsi que le Catalogue de ces diverses publications. (ÉCRIRE FRANCO.)

Paris. Typ. Beaulé, rue Jacq. de Brosse, 10.

ÉRANGER
A L'ACADÉMIE
CHANSON

Paroles l'Histoire du 41e Fauteuil de l'Académie française,

PAR

ARSÈNE HOUSSAYE,

Musique de J.-MARC CHAUTAGNE.

La Musique se trouve chez ALFRED IKELMER & Cie, Éditeurs,
à Paris, rue Rougemont, 11.

Non, mes amis, non, je ne veux rien être ;
C'est là ma gloire ! adressez-vous ailleurs.
Pour l'Institut Dieu ne m'a pas fait naître,
Vous avez tant de poètes meilleurs !
Je ne sais rien qu'aimer, chanter et vivre,
Et je veux vivre encore une saison !
Je n'y vois plus ; Lisette est mon seul livre :
Mon Institut, à moi, c'est ma maison.   (bis.)

Qu'irais-je faire en votre Compagnie ?
Il me faudrait écrire un long discours !
A mes chansons j'ai borné mon génie,
Et, si mes vers sont bons, c'est qu'ils sont courts.
Ici, messieurs, la Muse est familière,
Pourvu qu'on ait la rime et la raison.
Ici Courier a commenté Molière...
L'Académie était dans ma maison.   (bis.)

Album du Gai Chanteur.   4e *livraison.*

Vous le voyez, c'est la maison du sage,
Et l'hirondelle y revient au printemps ;
Je suis comme elle un oiseau de passage,
Depuis Noé j'ai parcouru les temps.
Je fus un Grec au siècle d'Aspasie,
J'ai consolé Socrate en sa prison ;
Homère est là : chantez, ma poésie !
J'ai réveillé les dieux de ma maison.   (bis.)

Hier, j'étais sur le pas de ma porte,
Quand l'Orient soudain s'illumina...
Qu'entends-je au loin ? Le vent du soir m'apporte
Les airs connus d'Arcole et d'Iéna !
Ils sont partis, les jeunes gens stoïques :
Quatre-vingt-neuf, ils gardent ton blason !
Dieu soit en aide aux soldats héroïques !
Je les bénis du seuil de ma maison.   (bis.)

Vos verts rameaux ceignent des fronts moroses ;
Il ne faut pas les toucher de trop près,
Je veux mourir en respirant des roses,
Et vos lauriers ressemblent aux cyprès.
Roseau chantant, déjà ma tête plie,
Laissez-moi l'air, laissez-moi l'horizon !
Immortel, moi ! Mais chut ! la Mort m'oublie...
Si vous alliez lui montrer ma maison !   (bis.)

Mais il chantait, et la mort est venue.
La mort jalouse, elle a pris BÉRANGER !
Il est parti pour la rive inconnue,
D'où ne revient jamais le passager.
L'Académie en style d'hécatombe
Ne dira plus sa funèbre oraison ;
Mais tout le monde a pleuré sur sa tombe,
Et le bon Dieu lui donne sa maison.   (bis.)

DIEU NE PEUT PAS M'EN VOULOIR

CHANSONNETTE

Paroles de J.-C. DE MORGNY, musique de J.-M. CHAUTAGNE.

La Musique se trouve chez **A. HURÉ**, libraire-éditeur à Paris, rue Dauphine, n° 44, près le Pont-Neuf.

Au déclin du jour, Madeleine,
Assise au pied d'un églantier,
Mêlait à ses cheveux d'ébène
Les fleurs doux trésor du hallier.
Jean va me trouver bien jolie,
Disait-elle, en venant ce soir, ce soir;
Si c'est de la coquetterie,
Jean dit que j'embellis sa vie :
Dieu ne peut donc pas m'en vouloir.   (*bis.*)
   Non, non, non, non, non,   (*bis*)
Vraiment, Dieu ne peut m'en vouloir.

Le curé de notre village
Dimanche a dit, c'est bien certain,
Qu'il ne suffit pas d'être sage,
Qu'on doit consoler son prochain.
Or, Jean est-il sombre et morose ?
Il sourit s'il peut m'entrevoir, m'entrevoir.
Ajoutons encore une rose;
Car, si ma parure en est cause :
Vraiment, Dieu ne peut m'en vouloir.   (*bis.*)
   Non, non, non, non, non,   (*bis*)
Vraiment, Dieu ne peut m'en vouloir.

Grand'mère en secouant la tête
Dit que Satan est sous les fleurs ;
Pourtant, l'an dernier à sa fête,
Après le dîner, à ses sœurs,
Elle disait qu'ainsi parée,
En me voyant parfois le soir, le soir,
Sa vieillesse était consolée,
Je lui rends sa gaîté passée :
Dieu ne peut donc pas m'en vouloir.   (*bis.*)
   Non, non, non, non, non,   (*bis*)
Vraiment, Dieu ne peut m'en vouloir.

LÉGENDE
DE LA
BERGÈRE

BALLADE.

Air de la *Légende de la Nonne.* (Deloche.)

RÉCITATIF :

Venez tous, garçons, et vous fillettes,
Venez tous, je viens en ce jour,
Pour vous dire une histoire à mon tour...
C'est l'histoire, l'histoire d'une bergerette ;
Une simple histoire d'amour !

Agnèle avait seize ans, à peine ;
Loys n'en avait guère plus ;
Mais, ce soir là, pour l'inhumaine,
Ses soupirs étaient superflus.   (bis.)
Le vent qui soufflait dans l'espace,   } bis.
Faisait chanter dans les roseaux :
— Enfants, voici le loup qui passe...   } bis.
Rentrez bien vite vos troupeaux !

A toi ma vie, à toi mon âme !
Agnèle, reponds en ce jour ;
Plus tard, tu deviendras ma femme,
Je le jure, par mon amour !   (bis.)
Et le page avait tant de grâce,   } bis.
A faire des serments si beaux !
— Enfants, voici le loup qui passe...   } bis.
Rentrez bien vite vos troupeaux !

Comment, hélas ! ne pas s'entendre ?...
On a seize ans, le teint vermeil !
Le temps est doux et l'herbe est tendre...
On veut voir coucher le soleil !   (bis.)
Dans ses filets, l'amour enlace   } bis.
Les amoureux jeunes et beaux...
— Enfants, voici le loup qui passe...   } bis.
Rentrez bien vite vos troupeaux !

Ayant tout donné, sur parole,
A l'amant qui s'est parjuré,
La pauvre fille est mère... et folle !
Au doigt, son enfant est montré...
Comme elle, au doigt, il est montré.
Et chacun leur jette à la face   } bis.
Le refrain moqueur des roseaux :
— Enfants, voici le loup qui passe...   } bis.
Rentrez bien vite vos troupeaux !

JULES CHOUX.

PIERRE AU RETOUR

ROMANCE,

MUSIQUE DE

THÉODORE LABARRE.

La Musique se trouve chez **A. HURÉ**, libraire-éditeur à Paris, rue Dauphine, n° 44, près le Pont-Neuf.

Un grenadier descend de la colline.
Le sac au dos, le fusil sur le bras ;
Vers le hameau lentement il chemine,
Un doux espoir semble guider ses pas.
Je vais revoir mon antique chaumière
Et sur mon cœur presser mes vieux parents ;
Je vais m'unir à celle qui m'est chère...   } bis.
Moments heureux que vous tardez longtemps.

Oui, le voilà ; salut ! ô toit champêtre !
Quel triste abord, quel silence profond !
Tout est fermé : la porte, la fenêtre ;
J'appelle en vain, personne ne répond.
Ouvrez mon père, ouvrez ma bonne mère ;
C'est moi, c'est Pierre,... Hélas ! je le comprends.
Oui, c'en est fait, ils ont quitté la terre...   } bis.
Malheureux fils tu tardas trop longtemps.

Adieu séjour si cher à mon jeune âge,
Où j'espérais, près de mes vieux parents,
Près de ma femme, achever mon voyage
Et respirer au déclin de mes ans.
Adieu, je vais de nouveau sur la terre,
De lieux en lieux porter mes pas errants ;
Je reste seul ici, qu'aurai-je à faire ?...   } bis.
Malheureux fils, j'ai tardé trop longtemps !

LE GROS FARCEUR

CHANSONNETTE
Chantée par MULLER.

Paroles de VICTOR MABILLE, musique de V. ROBILLARD.

La Musique se trouve chez **A. HURÉ**, libraire-éditeur à Paris, rue Dauphine, n° 44, près le Pont-Neuf.

REFRAIN.

Frais et cocasse,
J'ai bien la face
D'un gros farceur fait pour vivre cent ans;
Mais quand j'y pense,
J'en meurs d'avance,
J'ai trop d'esprit, je n' vivrai pas longtemps.

Enfant terrible et pétri de malice,
Je suis dev'nu prodige en grandissant;
Je fourrai l' doigt dans l'œil de ma nourrice,
Et j'avais fait la grimace en naissant.
Mais aujourd'hui j'en fais d'encor plus drôles :
Derrière vous qui ne m'attendez point,
Pour l'enfoncer jusque sur vos épaules,
Dans votr' chapeau j'allonge un coup de poing;
Je vous défais votre nœud de cravate,
Je vous remplis vos poches de cailloux,
Dans vos faux-cols je mets du poil qui gratte,
Et dans vos gants je fourre du saindoux.

On ne prend pas de brevet pour les niches;
Mais le premier, j'accrochai dans Paris,
Des casseroll's à la queu' des caniches,
Et des savatt's aux pans de vos habits.
Pendant la nuit, c'est moi qui vous réveille,
Pour m'informer de l'âg' que vous avez;
Sans affranchir, c'est moi qui de Marseille
Vous expédi' des énormes pavés;

C'est encor moi qui dans les yeux vous cingle
Une mitraill' de boulettes de pain ;
Enfin, c'est moi qui vous plante une épingle
Dans vos fauteuils, au centre du coussin.

J' fais dans la ru' les farces les plus fines :
J' salu' des gens que je ne connais pas ;
Quand un' dam' perd ses cordons de bottines,
Je mets l' pied d'ssus pour qu'ell' fasse un faux pas;
Des écriteaux je coupe la ficelle ;
J' vous mets dans l' dos des cornes de papier,
Et quand le soir vous rentrez sans chandelle,
Pour vous fair' peur, je m' cach' dans l'escalier.
J' mets du cirag' dans les pots des laitières ;
J'envoie les bonn's chercher d' l'huil' de cotterets ;
Ou bien j'écris aux maris des portières
Que Cabrion viendra fair' leurs portraits.

J'écris par jour vingt lettres anonymes ;
J' vous qualifi' de cerf ou de brigand ;
J' vous rends jaloux de vos amis intimes,
Et j' vous invite à votre enterrement.
J' suis l' bout-en-train des parti's de campagne ;
J' fais des culbut's très-drôl's sur le gazon ;
Dans vos oreill's je débouch' le champagne,
Dans vos chapeaux je cach' les côt's de m'lon ;
Avec du sel je vous sucre vos fraises ;
J' vous pouss' le coud' chaqu' fois que vous buvez ;
Ou bien encor, en retirant vos chaises,
J' vous fais rasseoir sur le contrair' du nez.

Je ris tout seul, et très-fort, et d'avance,
De ces bons tours que je sais inventer ;
Et je n' crois pas qu'un seul malin en France,
Pour la finesse, avec moi puiss' lutter.
Aussi des femm's je fais tourner la tête,
J' vois les maris s'enfuir en m'évitant ;
Et j' suis flatté quand on m' dit : Êtes-vous bête !
Car ça veut dir' : J' voudrais en fair' autant.
Vous le voyez, je suis un drôle d'homme,
Vos sifflets mêm' ne peuv'nt m'embarrasser ;
Si j'étais sûr qu' ma chanson vous assomme,
Dix fois de suit' j' voudrais la r'commencer.

UN ACTEUR
BIEN A PLAINDRE

CHANSONNETTE

Paroles d'**Adolphe JOLY**.

Air : *du Drin, Drin,*
ou Air nouveau de Madame Eugénie GRANGÉ.

Parlé. — Mossieu... Mossieu... pour aller au Rocher de Leucate, au Pont des Soupirs, à la Tour Saint-Jacques ?... Vous riez ! Il rit !... Je ne ris pas, moi, mossieu ; au contraire : je veux attentater à mes jours ; me détériorer l'existence !

REFRAIN :

O sort trop funest' !
Où cours-je ?... où fuis-je ?... où me cacher ?...
J' remporte ma vest',
J' veux me meurtricider !

Feu Philoctète, Yxion et Tantale,
Endymion chassé de son emploi ;
L'huître pêchée avant-hier à Cancale,
Étaient, Messieurs, moins à plaindre que moi.

Parlé. — Messieurs, vous avez l'air de gens humains, de gens bons... Permettez-moi d'épancher ma douleur dans votre sein. Hier, j'apprends qu'un directeur américain, l'illustre M. Bonum, était à Paris ; je me présente à lui en qualité d'amoureux orné du physique de l'emploi... M. Bonum me rit au nez, et me répond (*accent anglais*) : Mossé, je vaôlai eune tragédienne comme mossé Telma... (*Voix naturelle.*) Des Talmas ! merci ; tout l' monde en a plein l' dos maint'nant... Célèbre M. Bonum ; venez demain m'applaudir à la banlieue, où je jouerai :

UGOLIN

OU LES

Turpitudes d'un père goulu et privé de nourriture,

Tragédie lamentable et dure à digérer...

PUIS..... :

A demain, M. Bonum ; pour vous prouver que je ne veux pas vous tendre de pièges, j'espère que c'est vous qui viendrez m'entendre...

O sort trop funeste !
Où cours-je ?... où fuis-je ?... où me cacher ?..
J' remporte ma vest',
J' veux me meurtricider !

Aux coups du sort, je fûs toujours en butte ;
Il m'en souvient : à peine étais-je né,
Qu'à chaque pas, je faisais une chûte...
Chut !.. nom de nom ! je suis prédestiné.

PARLÉ. — Quand je ferme l'œil, j'ai des songes navrants ; oui, ça navre : je vois les douze cents bras droits de douze cents spectateurs, approchant douze cents clefs forées, de douze cents mâchoires sardoniques... Ah!

On me sifflait lorsque j'ouvrais la bouche,
On me sifflait quand je ne parlais pas.
Pleure sur moi public traître et farouche,
Car chaque pas me conduit au trépas.

PARLÉ. — Le célèbre M. Bonum fut exact ; quand il arriva, je commençais Ugolin :

Ugolin, qui a dévoré ses enfants, est dévoré par les remords ; il *nourrit* des projets de vengeance et s'*abreuve* de ses larmes. Le malheureux, qui a rongé ses doigts jusques aux coudes, s'arrache les cheveux en n'hurlant (*avec un accent dramatique*) :

Oui, je suis Ugolin, un mossieu bien à plaindre ;
Car, du matin au soir, on m'entend toujours geindre.
J'avais un tas d'enfants gras, dodus, potelés,
Beaux comme leur papa... je les ai tous mangés.
Oh ! croquer ses petits, sans sel et sans fourchette !
Avant cet affreux jour j'étais dans mon assiette ;
Mais, depuis ce repas, braillant dans mon hamac,
J'ai des peines de cœur et des maux d'estomac!
Je divague !... On me voit gambader et me tordre,
Sucer mon pouce gauche ou le droit... et le mordre.
Quand je tape de l'œil... horreur !... à mon chevet,
Je crois voir arriver le célèbre Chevet.

Que j'ai faim !... que j'ai faim !... Ah ! ma faim n'est pas
[feinte ;
Non, je n'ai pas besoin de vermouth, ni d'absinthe ;
Je mangerais du chat, des corbeaux, des z-hiboux ;
Que dis-je ?... J'oserais dîner à vingt-deux sous !

Oh ! mon persécuteur ! toi, qui me persécute,
Persécute-moi bien !... Car s'il quitte ta hutte,
Le vieux persécuté qui te repigera
Viendra persécuter qui le persécuta !...

Parlé. — C'est un style nourrissant, pas vrai ?... Eh bien ! le parterre a trouvé la chose indigeste, n'a pas voulu avaler la tartine et m'a montré les dents pendant toute la pièce.

O sort trop funeste !
Où cours-je ?... où fuis-je ?... où me cacher ?...
J' remporte ma vest',
J' veux me meurtricider !

MAISON SPÉCIALE

A. HURÉ.

LIBRAIRE-ÉDITEUR,

RUE DAUPHINE, 44, PRÈS LE PONT-NEUF.

On trouve dans cette Maison tout ce qui existe de Musique, Chant et Airs d'Opéra, publiés en petit format, à 20, 25, 40, 50 et 60 centimes, ainsi que le Catalogue de ces diverses publications. (ECRIRE FRANCO.)

Tout exemplaire non revêtu du timbre de l'éditeur sera poursuivi comme contrefaçon.

Paris. — Typ. CHAUMONT et COPIN, 6, rue Saint-Spire.

DÉSAUGIERS
A L'ACADÉMIE

CHANSON

Paroles de l'Histoire du 41e Fauteuil de l'Académie Française

PAR

ARSÈNE HOUSSAYE,

Musique de J.-MARC CHAUTAGNE.

La Musique se trouve chez ALFRED IKELMER & Cie, Éditeurs,
à Paris, rue Rougemont, 11.

Un fauteuil les bras ouverts !
Mais j'en suis indigne,
Car les meilleurs de mes vers
Chantent sous la vigne.   (bis.)
Loin de vous j'ai navigué,
Toujours libre et toujours gai ;
J'aime mieux ma mie,
 O gué !   } bis.
Que l'Académie.

(*En frappant sur des verres.*)

Tin, tin, tin, tin, tin, tin,
J'aime mieux ma mie,
Tin, tin, tin, tin, tin, tin,
Que l'Académie.

Album du Gai Chanteur.   5e livraison.

Le vin coule sur mes jours
　　Comme une fontaine.
Je suis Jean qui rit toujours,
　　Vrai Jean La Fontaine.　　(bis.)

　　Loin de vous, etc.

On ne chante pas chez vous,
　　Et l'on n'y boit guère.
Mes discours sont des glouglous :
　　Que dirait mon verre ?　　(bis.)

　　Loin de vous, etc.

Je désapprends mon latin
　　Sur deux lèvres roses,
Et n'aime soir et matin
　　Que l'esprit des roses.　　(bis.)

　　Loin de vous, etc.

La fille du cabaret,
　　Brune, rousse ou blonde,
Me verse avec son claret
　　Tout l'espoir du monde.　　(bis.)

　　Loin de vous, etc.

L'Institut a l'air en deuil,
　　Ne vous en déplaise :
Offrez donc votre fauteuil
　　Au père Lachaise.　　(bis.)

Loin de vous j'ai navigué,
Toujours libre et toujours gai ;
　　J'aime mieux ma mie,
　　　O gué !　　} bis.
　　Que l'Académie.

(*En frappant sur des verres.*)

Tin, tin, tin, tin, tin, tin,
　　J'aime mieux ma mie,
Tin, tin, tin, tin, tin, tin,
　　Que l'Académie.

LES BROUILLARDS

AIR : *Tenez, moi, je suis un bon homme.*

Pour un gastronome intrépide
Quel triste sujet à chanter !
Mais comme il est assez humide,
Je commence par m'humecter ;
Si le vin trouble un peu ma vue,
Amis, pardonnez mes écarts ;
On peut bien faire une bévue,
Lorsque l'on est dans les brouillards.

Le papier brouillard ne peu guère
Garder l'empreinte d'un écrit ;
Aussi, chez Plutus, chez Cythère,
Ce papier a-t-il du débit :
Serment d'amour, vœu d'être sage,
Billets payables sans retard.
Jusqu'aux contrats de mariage,
Tout s'écrit sur papier brouillard.

Figeac à son futur beau-père
Disait : « Sandis ! s'il faisait beau,
Sur l'autre bord de la rivière,
Vous admiréries mon château ;
Mais un nuage l'environne,
Et nous dérobé ses remparts...
Les biens placés sur la Garonne
Sont presque tous dans les brouillards. »

Brouillons tous les vins de la cave,
Brouillons Tonnerre et Malaga,
Brouillons Mâcon, Champagne et Grave,
Brouillons et Madère et Rota ;
Que de leurs vapeurs salutaires
Jaillissent des couplets gaillards ;
Mais entre nous, mes chers confrères,
Jamais, jamais d'autres brouillards.

DÉSAUGIERS.

V'LA C' QUE C'EST
QUE D'ÊT' PAPA

Couplets chantés un jour de noce.

Air : *V'là c' que c'est qu' d'aller au bois.*

Mon Dieu! mon Dieu! quel embarras
Qu' d'avoir un' fille sur les bras!
On se dit, dès son plus bas âge :
  « Sera-t-elle sage?
  Heureuse en ménage? »
Pendant quinze ans on n' pens' qu'à ça...
  V'là c' que c'est que d'êt' papa.

A quatre ans, quel maudit sabbat!
Ça crie, ou ça mord, ou ça bat ;
Pour rendre l'espiègle muette
  On lèv' la jaquette,
  On soufflette, on fouette :
Puis un baiser vient gâter ça...
  V'là c' que c'est que d'êt' papa.

A huit ans, ça veut babiller ;
Ça veut trancher, ça veut briller :
Soir et matin, la p'tit' coquette
  N' rêve que toilette ;
  Il faut qu'on achète
Colliers par-ci, brac'lets par-là...
  V'là c' que c'est que d'êt' papa.

C'est à douze ans qu' faut voir venir
Des maîtres à n'en plus finir !
Danse, dessin, musique, histoire,
  Enflent la mémoire...

C'est la mer à boire !
Au bout du mois faut payer ça...
  V'là c' que c'est que d'êt' papa.

Mais p'tit à p'tit v'là qu' ça grandit,
Qu' ça s'embellit, qu' ça s'arrondit...
D' not' fille on vante la figure,
  L'esprit, la parure,
  Le ton, la tournure,
Et nous mordons à c't ham'çon-là...
  V'là c' que c'est que d'êt' papa.

Un beau garçon s' présente enfin,
Doux, honnête, et l' cœur sur la main ;
D' plaisir, d'amour son cœur pétille...
  Il plaît à la fille,
  A tout' la famille :
L' père enchanté dit : Touchez-là...
  V'là c' que c'est que d'êt' papa.

Les bans sont bientôt publiés,
Et les jeunes gens mariés ;
Au Cadran-Bleu l' festin s'ordonne ;
  L' mari qui le donne
  D' plaisir déraisonne
En pensant qu'un jour il dira :
  V'là c' que c'est que d'êt' papa.

A la fin du joyeux repas,
Au couple heureux on tend les bras ;
L'un, quittant sa place et son verre,
  Saute au cou d' la mère,
  L'autre au cou du père
Qui pleure, et dit en voyant ça !
  V'là c' que c'est que d'êt' papa.

DÉSAUGIERS.

LES PLAISIRS DU RIVAGE

CHANSONNETTE
Interprétée par **M. DUBOUCHET**,

Paroles d'**ADOLPHE JOLY**.

Air : *des Plaisirs du Village.* (ROMAGNESI.)

Petit rentier, je loge dans Bercy,
Et tout le long de la semaine
J'ai du bonheur (je puis le dire ici)
A regarder couler la Seine.
Quand l'hiver vient, les gamins acharnés
Vont glisser et se mettre en nage ;
Je les imite, et me casse le nez :
Voilà les plaisirs du rivage.   (*bis.*)

Au mois d'juillet, le ciel était serein,
Il faisait un' chaleur atroce ;
J' cours à la Seine, afin de prendre un bain,
Elle était fraîche, quelle noce !
Je bois un coup en approchant du Pecq ;
Lorsqu'on me retira, je gage
Que j'avais mis le fleuve presqu'à sec ;
Voilà les plaisirs du rivage.   (*bis.*)

Hier, je m' dis : j'ai ma ligne, partons,
Allons dévaster la rivière ;
Il pleut très-fort, de superbes poissons
Vont flaner près du pont de pierre.
Mais, jusqu'au soir, les deux jambes dans l'eau,
Je ne pûs attraper (j'enrage !)
Qu'un' vieill' savate, un gros rhume de cerveau :
Voilà les plaisirs du rivage.   (*bis.*)

LES MARIONNETTES
DE PETIT JACQUES
CHANSONNETTE

Air: *des Jolis Pantins.* (L. ABADIE.)

A l'âg' de sept ans, quittant ma patrie,
Le sac sur le dos, je vins à Paris ;
J'y montrai d'abord la marmotte en vie ;
Mais, ne récoltant qu'ennuis et soucis,
J' vendis la marmotte et changeai d'avis :
Pour mes douze francs, j'eus quinze poupées ;
Je pris une planche, un' flûte, un tambour...
Puis, avec ma troup' des mieux équipées,
Je fis mes débuts dans un grand faubourg,
  Garçons et fillettes,
  V'nez voir, aux refrains
  De mes chansonnettes,
  Danser mes pantins ;
  Et vous, marionnettes,
  Sautez aux refrains
  De mes chansonnettes,
  Mes gentils pantins!

J'ai, selon les goûts, pantins de rechange ;
J'offre à la dévote coquette, un *abbé galant ;*
J'ai pour la lorette, un agent de change ;
Pour la cuisinière et la bonn' d'enfant,
Un bon gros sapeur, un naïf Jean-Jean.
J' garde mes *pierrots* pour les gens de *plume*,
Mon juge *prud'homme* est à l'ouvrier,

Bref, à plaire à tous, ma troup' s'accoutume
Sachant ce qu'il faut dans chaque quartier.
  Garçons, etc.

Le proverbe dit : ce qui vient d' la flûte,
Toujours, tôt ou tard, retourne au tambour.
Plus d'un beau pantin, faisant la culbute,
S'est cassé la jambe, un' jambe faite *au tour*,
Qui m' coûtait le prix du travail d'un jour !
Dans l' sac aux oublis, avec d'autr's, il danse,
Car déjà, comm' lui, plus d'un a fait l' *saut*...
Dansez, gais pantins, mais r'tenez d'avance,
Qu'on n' doit pas sauter plus fort qu'il ne faut.
  Garçons, etc.

Gentils arlequins, marquise, bergère,
Compagnons joyeux qui font exister,
D'un autre, à présent, rendez l' sort prospère :
Votre directeur ne doit plus rester,
Le temps va venir, pour lui, d' vous quitter !
Son sac est garni, sa boursette est pleine ;
Sa mère, au pays, l'attend tous les jours,
Gardant un trésor : la blonde Mad'leine !
Qui pleurait, pendant qu' nous chantions toujours :
  Garçons et fillettes,
  V'nez voir, aux refrains
  De mes chansonnettes,
  Danser mes pantins ;
  Et vous, marionnettes,
  Sautez aux refrains
  De mes chansonnettes,
  Mes gentils pantins.

        JULES CHOUX.

LE SOMMEIL

ROMANCE.

Paroles de CONSTANTIN DAUJAT. Musique de V. ROBILLARD.

La Musique se trouve chez **A. HURÉ**, libraire-éditeur à Paris,
rue **Dauphine**, n° **44**, près le Pont-Neuf.

Quand le bonheur loin de la terre
Se fut envolé dans les cieux,
Dieu, pour tromper notre misère,
Voulut que nous fermions les yeux.
Depuis lors, chaque jour dans l'onde,
Il précipite le soleil,
Et chaque nuit sur notre monde
Il fait descendre le sommeil.

Que le jour commence ou s'achève
Sur le duvet ou sur la grève;
O sommeil! tes parfums sont doux, si doux!
Donne-nous à chaque heure un rêve,
Bon ange, Dieu te fit pour nous!

Sous la main du temps tout succombe,
Se disperse; et moi de bien loin,
Je vois là-bas s'ouvrir ma tombe
Et la mort guetter dans un coin.
Mais sur cet horizon si triste,
Sur ce néant, sur ce tombeau,
Le sommeil clément qui m'assiste
Vite accourt baisser le rideau.
    Que le jour, etc.

Quand sur les pas de l'indigence,
Dont le sceptre vient m'effrayer,
Tous les malheurs en diligence
Viennent s'asseoir à mon foyer.
Le sommeil, sur l'aile d'un songe,
M'emporte au loin dans un palais,
Où, grâce à cet heureux mensonge,
Je règne sur nombreux sujets.
    Que le jour, etc.

FEU, FEU
MONSIEUR MATHIEU,
OU L'ORIGINAL SANS COPIE.

Air: *Bon, bon, mariez-vous.*

Feu, feu
Monsieur Mathieu
Était un singulier homme ;
Feu, feu
Monsieur Mathieu
Était comme
On en voit peu.

Quoique maître d'un grand bien,
Et de famille fort bonne,
Il faisait souvent l'aumône
Et ne devait jamais rien.
    Feu, feu, etc.

D'un habit de camelot
Il avait pris la coutume,
Prétendant que le costume
Ne prouve pas ce qu'on vaut.
    Feu, feu, etc.

Au joug de l'hymen soumis,
On l'a vu, du fond de l'âme,
Toujours préférer sa femme
A celles de ses amis.
    Feu, feu, etc.

Enchanté de voir grandir
Ses trois garçons et sa fille,
Il promenait sa famille
Sans bâiller et sans rougir.
  Feu, feu, etc.

Il bravait avec mépris
Nos usages et nos modes,
Et c'était aux plus commodes
Que mon sot donnait le prix.
  Feu, feu, etc.

On le vit, lorsque des ans
Le poids vint courber sa tête,
A la *titus* la mieux faite
Préférer ses cheveux blancs.
  Feu, feu, etc.

Il s'avisa de rimer
Des morceaux dignes d'envie,
Et notre auteur, de sa vie,
N'osa se faire imprimer.
  Feu, feu, etc.

A la faveur comme au rang
Il croyait que le mérite
Devait conduire plus vite
Que l'apostille d'un grand.
  Feu, feu, etc.

Un jour on lui proposa
Un emploi considérable,
Et s'en jugeant incapable,
Sans regret il refusa.
  Feu, feu, etc.

Jamais ce fou, s'il en fut,
Ne voulut faire antichambre,
Pour obtenir d'être membre
Du beau corps de l'Institut.
    Feu, feu, etc.

Aux honneurs il fut admis
Par je ne sais quel miracle ;
Et jamais sur le pinacle,
Il n'oublia ses amis.
    Feu, feu, etc.

Eh bien ! on le chérissait ;
Et malgré ses faux systèmes,
Il fut pleuré par ceux mêmes
Que sa mort enrichissait.

    Feu, feu
    Monsieur Mathieu
Était un singulier homme ;
    Feu, feu
    Monsieur Mathieu
    Etait comme
    On en voit peu.

DÉSAUGIERS.

Paris, A. HURÉ, éditeur et seul propriétaire,
rue Dauphine, 44, près le Pont-Neuf.

Tout exemplaire non revêtu du timbre de l'éditeur sera poursuivi comme contrefaçon.

Paris. — Typ. CHAUMONT et COPIN, 6, rue Saint-Spire.

LE SOU

RONDEAU

Chanté dans *les Balançoires de l'Année*,

Revue de MM. LAURENCIN, CORMON & GRANGÉ.

La Musique se trouve chez **A. HURÉ**, libraire-éditeur à Paris,
rue Dauphine, n° 44, près le Pont-Neuf.

Envers le sou, pourquoi tant d'injustices ?
  Le dédaigner est une indignité !
C'est oublier et ses nombreux services,
  Et sa valeur et son utilité.

A-t-il jamais corrompu l'innocence !
A-t-il jamais fait un traître, un filou ?
A si bas prix que soit la conscience,
On ne saurait la vendre pour un sou !

Pour le souper de sa chatte minette,
  A la portière il faut un sou de mou !
Et que faut-il à la tendre grisette ?
  Un peu d'amour... et de galette un sou !

Album du Gai Chanteur.   6ᵉ *livraison.*

Avec un sou vous avez un cigare
Dont la fumée occupe vos loisirs.
Avec un sou vous pouvez, chose rare !
A votre femme acheter deux plaisirs.

Quand l'ouvrière en sa chambre s'ennuie,
A peu de frais elle se croit au bal ;
Car, pour un sou, l'orgue de Barbarie,
D'une polka lui donne le régal !

Un simple sou n'est-il pas le salaire
Que la patrie offre à ses défenseurs ?...
Et que de fois d'une honnête misère
Un sou modeste apaisa les douleurs !

Pour arriver jusqu'à l'Académie,
Au pont des Arts quand jadis on payait,
Que fallait-il ?... était-ce du génie ?
Eh ! non vraiment, c'est un sou qu'il fallait.

Un sou, pas plus, le paquet d'allumettes ;
Un sou, messieurs, le cours du trois pour cent ;
Enfin, un sou le paquet de violettes,
Pour notre gloire aujourd'hui renaissant !

Envers le sou, pourquoi tant d'injustices ?
Le dédaigner est une indignité !
C'est oublier et ses nombreux services,
Et sa valeur et son utilité (1).

(1) Les *Balançoires de l'Année*, revue en 5 actes. — Chez M. Méfliez, libraire-éditeur, passage Vendôme, 19, à Paris.

L'ATELIER DU PEINTRE

OU

LE PORTRAIT MANQUÉ.

Air de la *Catacoua*.

Jaloux de donner à ma belle
Un duplicata de mes traits,
Je demande quel est l'Apelle
Le plus connu par ses portraits.
C'est, me répond l'ami Dorlange,
Un artiste nommé Mathieu.
  Il prend fort peu...
  Mais ventrebleu !
Quel coloris, quelle grâce, quel feu !
Il vous attrape comme un ange,
Et loge près de l'Hôtel-Dieu.

Vite je cours chez mon Apelle,
J'arrive et ne sais où j'en suis ;
Son escalier est une échelle,
Et sa rampe une corde à puits.
Un chantre est au premier étage,
Au second loge un chaudronnier,
  Puis un gaînier,
  Un rubanier,
Puis au cinquième un garçon cordonnier...
Je reprends haleine et courage,
Et j'arrive enfin au grenier.

J'entre, et d'abord sous une chaise
Je vois le buste de Platon :
Sur un Hercule de Farnèse
S'élève un bonnet de coton :
Un briquet est dans une mule,
Dans un verre un peigne édenté ;
  Un bas crotté
  Sur un pâté,
Un pot à l'eau sous une volupté,
L'amour près d'un tison qui brûle,
Et la Frileuse à son côté.

Le portrait d'un acteur tragique
Est vis-à-vis d'un mannequin,
Je vois sur la Vénuse pudique
Une culotte de nankin ;
Une tête de Diogène
A pour pendant un potiron,
  Près d'Apollon
  Est un poëlon ;
Psyché sourit à l'ombre d'un chaudron,
Et les restes d'une *romaine*
Sont sous l'œil du cruel Néron.

Devant une vitre brisée
S'agite un morceau de miroir,
Et sous la barbe de Thésée
Est une lame de rasoir ;
Sous un Plutus une Lucrèce ;
Sur un tableau récemment peint
  Je vois un pain,
  Un escarpin,
Une Vénus sur un lit de sapin,
Et la Diane chasseresse
Derrière une peau de lapin.

Seul, j'admirais ce beau désordre,
Quand un homme, armé d'un bâton,
Entre, et m'annonce que par ordre
Il va me conduire en prison.
Je résiste... il me parle en maître,
Je lui lance un Caracalla,
    Un Attila,
    Un Scévola,
Un Alexandre, un Socrate, un Sylla,
Et j'écrase le nez du traître
Sous le poids d'un Caligula.

A ses cris, aux fracas des bosses,
Je vois, vers moi, de l'escalier,
S'élancer vingt bêtes féroces,
Vrais visages de créanciers.
Sur ma tête, assiettes, bouteilles,
Pleuvent au gré de leur fureur ;
    Et le traiteur,
    Le blanchisseur,
Le perruquier, le bottier, le tailleur,
Font payer à mes deux oreilles
Le nez de leur ambassadeur.

Au lieu d'emporter mon image,
Comme je l'avais espéré,
Je sors n'emportant qu'un visage
Pâle, meurtri, défiguré.
O vous ! sensibles créatures,
Aux traits bien fins, bien réguliers,
    Des noirs huissiers,
    Des noirs greniers
Évitez bien les périls meurtriers,
Et que Dieu garde vos figures
Des peintres et des créanciers !

                          DÉSAUGIERS.

SOUVENIRS DES PREMIÈRES AMOURS
ROMANCE

Paroles de LÉON MAUD'HEUX, musique de VICTOR BOULLARD.

La Musique se trouve chez **A. HURE**, libraire-éditeur à Paris, rue Dauphine, n° 44, près le Pont-Neuf.

Dans ces beaux jours de mon adolescence,
Où l'horizon m'apparaissait joyeux,
Lorsque mon âme ouverte à l'espérance
Entrevoyait un avenir heureux,
Plus d'un vieillard à chevelure blanche,
En soupirant, m'a dit : de tes beaux jours,
Garde pour l'âge où la tête se penche } bis.
Le souvenir des premières amours.

Dans un berceau de fleurs fraîches écloses
L'homme, au printemps, insoucieux s'endort,
Mais, au réveil, plus de fleurs, plus de roses,
C'est la vieillesse... à deux pas c'est la mort ;
Heureux encor, si dans le fond de l'âme,
Pour réchauffer les derniers de ses jours,
Il a gardé, comme un rayon de flamme, } bis.
Le souvenir des premières amours.

Oui, mon printemps, comme un léger nuage,
S'est envolé vers l'horizon lointain ;
A moi Lisette, à moi ton doux visage,
Ton frais sourire et ton regard mutin !
Je veux encor voir onduler les tresses
De tes cheveux plus noirs qu'un noir velours,
Et dans tes yeux relire les promesses } bis.
Qu'ont su tenir nos premières amours.

Pourquoi faut-il, que brisant notre vie,
Ne me laissant que regrets superflus,
Le noir destin à mes vœux l'ait ravie,
Quand je l'aimais... comme l'on n'aime plus !

Mais, dans mon âme, a germé l'espérance ;
Bientôt, tous deux, réunis pour toujours,
Aux pieds du Dieu qui bénit la constance, } bis.
Nous chanterons nos premières amours.

LES COTTES
DE MARGOT.

Air des Bottes de Bastien.

Margot, brunette fort gentille,
Chez son papa, bon vieux portier,
Vivait jadis de son aiguille,
C'était un honnête métier :
Mais de repriser des culottes
Elle se fatigua bientôt,

    Et elle a des cottes,
      Elle a des cottes
        Margot,   } *bis.*
  Elle a des cottes, cottes, cottes,
      Elle a des cottes
        Margot.

Maintenant l'orgueilleuse fille
Porte cœur et jupons d'acier,
De la dentelle à sa mantille !.....
Pourtant, malgré son air altier,
Quiconque a du foin dans ses bottes,
Près d'elle n'est jamais manchot !
    Et elle a des cottes, etc.

Pour entretenir sa toilette,
Certain banquier, dit-on partout,
A commis plus d'une boulette ;
C'est un..., mais qu'importe après tout.

S'il a la beauté des banck-notes,
Qu'il soit bossu, borgne ou pied-bot.
    Et elle a des cottes, etc.

L'on dit qu'elle ajoute à sa robe
Au moins un mètre par amant;
C'est faux, car notre pauvre globe
Serait bien trop petit vraiment.
Ami, ton front, si tu l'y frottes,
Sera celui d'un escargot.
    Car elle a des cottes, etc.

Margot, aux jours de sa misère,
Dînait fort mal assurément,
En mangeant des pommes de terre;
Mais aujourd'hui quel changement,
Car ce n'est plus que de carottes
Que se compose son fricot!
    Mais, elle a des cottes, etc.

Pauvre Margot, de ta jeunesse,
Lorsque s'enfuiront les débris,
Quand arrivera la vieillesse
Pour tous ces falbalas de prix,
Des chiffonniers, gare les hottes!
Les rides te diront bientôt :

    Eh ! a bas les cottes!
    A bas les cottes !
    Margot,
A bas les cottes, cottes, cottes,   *bis.*
    A bas les cottes,
    Margot!

                LÉON MAUD'HEUX.

JEAN BÉLIN
LE PETIT PEINTRE

Légende historique et amphigourique, arrangée en SCIE (BÉMOL),
Pour l'édification des rapins présents et futurs.

Paroles de Jules CHOUX.

PARLÉ :

Michel-Anges barbus, Raphaë's de boutique...,
Rapins de tous pays, raffermissez vos cœurs,
Et reprenez courage au récit véridique
Des hauts faits d'un grand peintre, à qui dame critique
A rendu cet hommage : Il connaît les couleurs !

AIR : *Mon nom est Diogène.* (LAZERGES.)

REFRAIN :

Le coq de la peinture,
C'est l' peintre Jean Bélin ;
S'il ne roul' pas voiture,
C'est qu'il *marche* trop bien.
Il ne roul', la la la,
Pas voitur', la la la,
Pour mieux fair', la la la,
Son chemin, tra la la...
Oui, le roi d' la peinture,
C'est l' pétit Jean Bélin.

Bélin a, l'on peut m' croire,
A son arc plus d'un trait :
Il peint l' genre, l'histoire,
L' paysage et l' portrait.
Comme il n'est rien qu' dédaigne
Son habile pinceau,
Il peint même l'*enseigne*...
Soit d'auberge ou d' vaisseau.

PARLÉ. Jean Bélin, le petit peintre, est né à l'âge de trois ans et demie, à quatre lieues de son village, de parents pauvres et voleurs..., quoiqu'ils *fussent ailleurs*. — Notre héros, ayant un jour fait le portrait sur le mur de son père, *blanchi* à la chaux avec une brosse à cirage, son père le battit : le portrait était *frappant*. — Ainsi se dévoila son goût pour la peinture. Ses parents fort *aises*, quoique peu *aisés*, lui donnèrent des maîtres, qui, à l'âge de cinq ans, n'avaient plus rien à lui montrer. — C'est alors que, livré à lui-même, le jeune Bélin fit sa fameuse décollation de saint Jean-Baptiste, tableau de 7 mètres 120 centimètres de hauteur sur 3 pouces 5/4 de largeur. — Ne trouvant pas dans sa patrie la récompense due à son immense talent, il pensa à propos que les amis étaient des *Turcs*, et résolut d'aller frapper à la *porte* de la *Sublime Porte*. — Pan, pan, pan ! — Qui qu'est là ? dit en Turc, la porte de la Sublime Porte. — C'est moi ! dit notre héros ; c'est moi !... (AU REFRAIN.)

  L' portier d' la Sublim' Porte
  Introduit à l'instant
  Bélin, et, sans escorte,
  Le présente au sultan.
  « Le peintre d' la réforme, »
  Dit-il, « quittant Paris,
  « Vient travailler la *forme*
  « Dans l' pays des Houris. »

PARLÉ. Et Jean Bélin fut parfaitement reçu. — Le lendemain, après avoir examiné son tableau, la Sublime Porte lui demanda s'il avait déjà vu décapiter un homme. — Non ! répondit Jean Bélin. — Elle fit venir immédiatement un esclave et le fit décapiter à ses yeux. — Ce fut alors que Jean Bélin put juger du chef-d'œuvre qui était sorti de ses pinceaux. — A sa vue, un homme avait perdu *la tête*, la Sublime Porte un esclave ; mais elle gagnait un chef-d'œuvre.

> « Beau chef-d'œuvre de l'Art,
> « D'autant plus magnifique,
> « Que, nous dit la chronique,
> « Il n'est dû qu'au hasard. »

La Sublime Porte, émerveillée, adopta Jean Bélin, et prit à tâche de développer son génie. Elle lui donna un palais pour atelier et lui confia les vingt plus belles odalisques de ses sérails, avec lesquelles il fit les meilleures études. Bref, douze ans après (Jean Bélin avait dix-huit ans), il connaissait, grâce à ces dames, les *formes* les plus pures et les couleurs les plus... variées. C'est à cette époque que la Sublime Porte, voulant se passer la fantaisie d'un premier peintre ordinaire, ouvrit un concours. — Jean Bélin était tout seul ; il exposa ses travaux, et... — Qui fut nommé ?... Je vous le donne en dix. — Parbleu ! ce fut,..... (AU REFRAIN.)

> Pour traverser la vie
> Dans ce gai paradis,
> Il rêva pour amie
> La plus jeun' des houris.
> La belle, peu terrible,
> Écouta ses aveux...
> Et le peintre sensible
> Vit combler tous ses vœux.

PARLÉ. C'était Almaïda, la dix-septième fille aînée du souverain de la Sublime Porte. Bélin s'était épris d'elle en la faisant poser pour sa fameuse LÉDA. — Elle est représentée toute nue selon la tradition, les cheveux épars et les jambes enflées, pressant entre ses beaux bras blancs un cygne au blanc plumage. Au bas du tableau, on lit cette légende qui se chante en Turc sur un air connu (air du *Larifla*) :

« Ell' se nommait Léda,
« Et Jupiter l'*aida*
« A teindre son mari
« Couleur de canari. »

C'est, dit-on, en voyant ce tableau, que le souverain de la Sublime Porte s'écria : « Pour avoir fait un tel chef-d'œuvre, il faut que tu aimes ma fille. La veux-tu ?... prends-là ; je te la donne... elle est à toi.—Fais-là *poser* encore et toujours. » — Puis, il ajouta : « Allez, mes enfants, multipliez et *croissez*,— comme les grenouilles, — et que vos descendants, plus nombreux que les grains de sable de la mer perpétuent votre glorieuse mémoire.

Et voilà comme Jean Bélin, le premier peintre de la Sublime Porte, est devenu le roi de la peinture. Je dis *roi*, parce que ses belles toiles l'appelleront *à régner* sur les peintres qui voudraient l'éclipser..., ce qui n'est pas possible, car il n'est qu'un Bélin, le seul, le vrai, l'unique, le grand Bélin..... (AU REFRAIN.)

MAISON SPÉCIALE

A. HURÉ.

LIBRAIRE-ÉDITEUR,
RUE DAUPHINE, 44, PRÈS LE PONT-NEUF.

On trouve dans cette Maison tout ce qui existe de Musique, Chant et Airs d'Opéra, publiés en petit format, à 20. 25, 40, 50 et 60 centimes, ainsi que le Catalogue de ces diverses publications.
(ECRIRE FRANCO.)

Tout exemplaire non revêtu du timbre de l'éditeur sera poursuivi comme contrefaçon.

Paris. — Typ. CHAUMONT et COPIN, 6, rue Saint-Spire.

LÈVE LES YEUX
REGARDE-MOI, MA CHÈRE,

Rondeau chanté dans **Barbe-Bleue**,

FOLIE-FÉERIE

de MM. FRÉDÉRIC et BRAZIER.

La Musique se trouve chez **A. HURÉ**, libraire-éditeur à Paris, rue Dauphine, n° 44, près le Pont-Neuf.

AIR : *des Comédiens.*

Lève les yeux, regarde-moi, ma chère,
Viens de ma barbe admirer la couleur.
Je suis bien laid, mais du moins je l'espère,
Je ne suis pas encore à faire peur.

J'ai le ton brusque et la voix un peu rude,
Chacun ici me redoute et me fuit ;
Crier, gronder, voilà mon habitude,
Et je suis gai comme un bonnet de nuit.

Je suis taquin, maussade, volontaire,
Je suis jaloux, soupçonneux, exigeant,
Capricieux, vif, emporté, colère,
Mais, à ça près, je suis un bon enfant.

Je n'entends pas qu'une femme me mène,
A mes désirs rien ne doit résister,
Le mariage est, dit-on, une chaîne,
Mais, songes-y, je n'en veux pas porter.

Album du Gai Chanteur.   7ᵉ livraison.

Je ne veux pas d'une femme indiscrète,
Je ne veux pas qu'on me fasse la loi,
Je ne veux pas d'une femme coquette,
Enfin, je veux une femme pour moi.

CLAIRE.

Ah ! monseigneur, d'effroi j'reste muette,
N'mépousez pas, j'ose vous en prier,
Car s'il vous faut une femme parfaite,
Autant vaudrait ne pas vous marier.

Couplets chantés dans la même pièce.

AIR : *Il est certains barbons.*

Y a des maris barbons
Qui sont encor bien bons ;
Ils ne sont ni brillants,
Ni vifs, ni sémillants.
On n'cit' pas leur tournure,
On n'parl' pas d'leur figure,
Mais ils ont je n'sais quoi
Qui vaut mieux, selon moi.

Un garçon, jeune et frais,
Ne cherche pas à plaire ;
Un vieillard, au contraire,
Se met souvent en frais.
Ce sont des p'tit's prév'nances,
Des soins, des complaisances,
Des présents tous les jours,
Et d'aimables discours :
Oui, de ce vilain seigneur,
La barb' ne m'fait pas peur !
  Y a des maris, etc.

L'AVANTAGE D'ÊTRE POISSON.

BÊTISE AQUATIQUE EN QUATRE COUPLETS.

Paroles de JUSTIN CABASSOL, Musique de A. THYS.

La Musique se trouve chez **A. HURÉ**, libraire-éditeur à Paris, rue Dauphine, n° 44, près le Pont-Neuf.

Malgré le filet, le filet, l'hameçon,
Ah ! quel plaisir d'être poisson.   (bis.)

Les jours ouvrables, le dimanche,
On les voit se croiser les bras,
Ils ont tous du pain sur la planche
Tant que l'eau ne leur manque pas ;
Jamais un cordonnier maussade
Ne les rendit estropiés ;
Ils font gaîment la promenade,
Sans redouter les cors aux pieds....

(PARLÉ.) Oh ! les cors, qu'elle atroce invention !... Je sais bien que vous me direz il y a cors et cors, tels que les corps-de-garde, les cor-nichons, les cors-de-chasse ; mais les cors aux pieds à quoi est-ce utile ?... Ça ne peut avoir été inventé que par les fabricants de chaussons de lisière... (chanté). Malgré le filet, etc.

Ils sont discrets dans leur langage
Au point de donner des leçons,
Aussi jamais de bavardage
Entre les femmes des poissons ;
Ils craignent peu les maladies,
Les rhumes et les maux de dents ;
Sans le secours des parapluies,
Ils bravent l'injure du temps.

(PARLÉ.) Qu'il neige, qu'il vente, qu'il tombe des pluies de grenouilles, tout est égal au poisson philosophe ; il s'enveloppe dans son manteau et dit d'un petit air goguenard : enfoncé les parapluies omnibus !... (chanté). Malgré le filet, etc.

Au Dieu qui pousse au suicide,
Ils ne sauraient sacrifier,
Jamais dans l'élément liquide,
Ils ne songent à se noyer ;
Les pestes, les grêles, les pluies,
Ne les tourmentent pas beaucoup ;
Ils se moquent des incendies,
Ils sont assurés contre tout.

(PARLÉ.) Hormis pourtant contre l'incendie de la poêle à frire... Mais les goujons parlent d'établir une Compagnie d'Assurance contre la friture, dont le siége sera au port de la Rapé... (chanté). Malgré le filets, etc.

L'homme, hélas, ne peut toujours boire,
Sa soif lui prend fort peu d'instants,
Le poisson le fait est notoire,
A boire occupe tout son temps ;
Chacun d'eux, naïf et sincère,
Méprise tout être subtil ;
Ils n'ont pas de poisson Macaire,
Ils n'ont pas de poisson d'avril.

(PARLÉ.) Non, cent fois non, ils n'en ont pas. On peut manger le poisson, mais on ne lui fait pas la queue. Cet animal de l'âge d'or suit la ligne droite, quand à la ligne... celle-là il ne peut pas la sentir ; c'est son Robert-Macaire à lui, c'est son garde-champêtre. Mais c'est égal. (chanté). Malgré le filet, etc.

LE BATELIER DU NIL.

Mélodie arabe, intercalée dans le désert,

de FÉLICIEN DAVID,

Paroles de MARC CONSTANTIN.

La Musique se trouve chez **A. HURÉ**, libraire-éditeur à Paris, rue Dauphine, n° 44, près le Pont-Neuf.

La brise est douce et parfumée,
Viens avec moi ma belle Almée,
Voguer sur la rive embaumée,
Ce soir le ciel nous conduira.

Pour t'abriter dans le voyage,
Je tresserai sur le rivage,
Parmi les fleurs et le feuillage,
Un frais berceau qui nous suivra.

Dans la nature tout sommeille;
Dors doucement, sur toi je veille,
Et qu'un songe heureux ne t'éveille,
Que sur un cœur qui t'aimera.

Puis, quand viendra la nuit profonde,
Nous glisserons encor sur l'onde,
Et tous deux oubliant le monde,
Le ciel ce soir nous bénira.

CHANSON DU ZOUAVE,

CHANTÉE DANS

LE DUEL DE BENJAMIN,

AU THÉATRE DES BOUFFES PARISIENS.

Paroles de MESTÉPÈS, Musique d'ÉMILE JONAS.

La Musique se trouve chez **A. HURE**, libraire-éditeur à Paris, rue Dauphine, n° 44, près le Pont-Neuf.

Le zouave est un franc luron,
Qui se fiche autant du canon,
Que d'une balle de coton ;
Mon fiston, mon fiston, mon fiston.
Dès qu'il entend le joli son
De la trompette et du clairon,
Le voilà gai comme un pinson,
Le voilà gai comme un pinson, crénom !

En Sultan de bonne maison,
Il a l'turban pour chaperon,
Et pour culotte un vrai ballon ;
Mon fiston, mon fiston, mon fiston.
Le soleil tape sur son chignon ;
Il est parti tout rose et blond.
Il revient noir comm' du charbon,
Il revient noir comm' du charbon, crénom !

Au pas de course sans façon,
Il grimpe sur un bastion,
Tout en dansant un rigodon ;
Mon fiston, mon fiston, mon fiston.
A l'ennemi, toujours de front,
Il présente son cœur mignon ;
Il meurt debout et l'œil d'aplomb,
Il meurt debout et l'œil d'aplomb, crénom !

LE VIN DE BOURGOGNE.

RONDE BACHIQUE.

Air connu.

REFRAIN :

Le vin de Bourgogne,
Met la bonne humeur
 Au cœur ;
Il rougit la trogne
De plus d'un buveur.

D'abord, on commence,
Dans un gai repas
 Tout bas :
On boit en silence
Sur les premiers plats.
 Le vin, etc.

L'entremets arrive ;
Petit à petit,
 Le bruit
De chaque convive
Éveille l'esprit.
 Le vin, etc.

Autour de la table,
Au dessert, moment
 Vraiment
Le plus agréable,
Tout l'monde est charmant.
 Le vin, etc.

C'est alors qu'on chante
Sur l'air le meilleur,
 En chœur,

L'action charmante
Du nectar vainqueur.
 Le vin, etc.

On rit, on badine,
On saisit soudain
 La main,
Ou de sa voisine,
Ou de son voisin.
 Le vin, etc.

Au dieu de la treille,
Qui nous rend heureux,
 Joyeux
En vidant bouteille,
Adressons nos vœux.
 Le vin, etc.

Afin que l'aurore,
Le verre à la main
 Tout plein,
Nous surprenne encore
Chantant ce refrain :
 Le vin, etc.

Ce refrain à boire,
Nos pèr's l'ont fêté,
 Chanté,
Pour qu'à leur mémoire
Il soit répété :

Le vin de Bourgogne,
Met la bonne humeur
 Au cœur ;
Et plus d'un ivrogne.
Lui doit le bonheur.

JULES CHOUX.

RUBANS, FLEURS
ET DENTELLES.

HISTORIETTE.

Paroles de J.-C. DE MORGNY, Musique de J.-M. CHAUTAGNE.

La Musique se trouve chez **A. HURÉ**, libraire-éditeur à Paris, rue Dauphine, n° 44, près le Pont-Neuf.

Au seuil d'une ferme bretonne,
En tournant leurs légers fuseaux,
Jeannette, Marguerite, Yvonne,
Gazouillaient comme des oiseaux.
Grands mamans, comme d'ordinaire,
Sans doute ne sachant que faire,
Prêchaient, faisaient de tout leçon ;
Et vous le pensez bien d'avance,
Nos fillettes, en conscience,
Bâillaient comme à tout bon sermon.
Rubans, fleurs et dentelles,
S'écriaient les mamans,
Voilà mesdemoiselles,
Vos rêves à seize ans ;
Prenez garde fillettes,
Toujours Satan vous guette,
Croyez vos grands mamans.   (*bis.*)

Jeanne dit, en quittant sa place,
Grand'mère, Satan n'y peut rien ;
Au moins aux rubans faites grâce,
Partout ils signalent le bien.
Le ruban qu'à sa boutonnière
Portait autrefois mon grand père,
A fait l'orgueil de nos parents ;

Et cette industrie elle seule
Fait vivre bien des gens ; l'aïeule
Dit : passe encor pour les rubans ;
Mais les fleurs, les dentelles,
Répétaient les mamans,
Voilà, mesdemoiselles, etc.

Pourtant, objecta Marguerite,
Les fleurs annoncent le printemps :
Mon nom vient de la plus petite ;
Vous les aimiez donc dans le temps.
Et ma foi, ne serviraient-elles
Qu'à rendre un tant soit peu plus belles,
Ça doit désarmer vos rigueurs ;
Vous aimez tant me voir jolie.
Bon, bon, dit la mère attendrie,
Allons, passe encor pour les fleurs !
Mais, quant à ces dentelles,
Reprenaient les mamans,
Voilà, mesdemoiselles, etc.

Oh ! dit alors la blonde Yvonne,
Contr'elles pourquoi ce courroux ;
Vrai, votre colère m'étonne.
Mère, vous en souvenez-vous :
Vous étiez jeune, sage et belle.
Un joli bonnet de dentelles
De grand père attira les yeux.
Les décrier est sans excuse ;
Bon, dit la mère un peu confuse,
Passe... alors tout est pour le mieux.
Depuis nos demoiselles,
Dirent à qui mieux, mieux ;
Bah ! les fleurs, les dentelles,
Et les rubans soyeux,
Vont très-bien aux fillettes.
Ceux que le démon guette,
Ce sont les amoureux,
Rien que les amoureux !

PAUVRE FILLE,
PAUVRE MÈRE!

BERCEUSE RÉALISTE.

AIR : *Ah ! eh ! les p'tits Agneaux !...*

REFRAIN :

Dors mon petit chéri
L'enfant à sa mère ;
Mon bibi, mon ami,
Mon seul bien sur terre !
Quand t'auras dormi,
  Tu f'ras, mon p'tit,
  Un' bonn' prière,
Pour ton méchant père,
Qui, las, nous a fui !...

Ne vas pas t' réveiller,
J'ai bien assez de peine !
Si tu m' laiss's travailler,
Fair' un' bonne semaine,
  J'irai t'acheter
Un pantalon, des bas de laine,
  Et t'auras l'étrenne
D'un p'tit bonnet que j' viens d' broder.
    Dors, etc.

Dimanche, nous irons
Prom'ner aux Tuileries ;
J' t'ach'trai des macarons,
Un' pipe en sucrerie.
  Avec ton raglan,
Ton p'tit chapeau, ta canne à pomme,
  T'auras l'air d'un homme,
Tout l' mond' dira : « *qué bel enfant !* »
    Dors, etc.

Quand tu pleures la nuit,
Les voisins s' plaignent ferme ;
Eux, dans'nt et font du bruit ;
Mais ils payent leur terme !
Qu'un sommeil bien doux,
Pendant qu' ta mère est à l'ouvrage,
T'fass', par héritage,
Rêver qu' la maison est à nous.
Dors, etc.

Si je voulais, pourtant,
Faire comm' nos fillettes,
Un protecteur puissant
M'offre argent et toilettes !...
Tu suivrais des cours,
En pension, pour apprendre à lire,
Tu pourrais m'écrire....
Non ! j' veux t'embrasser tous les jours !
Dors, etc.

Mais, la lampe faiblit
Et la pauvre ouvrière,
Au milieu de la nuit
Sent s' fermer sa paupière.
L' travail, le chagrin,
Ont triomphé de son courage,
Et, sur son ouvrage,
Ell' dort, murmurant ce refrain :
Dors, etc.

JULES CHOUX.

Paris, A. HURÉ, éditeur et seul propriétaire,
rue Dauphine, 44, près le Pont-Neuf.

*Tout exemplaire non revêtu du timbre de l'éditeur
sera poursuivi comme contrefaçon.*

Paris. — Typ. CHAUMONT et COPIN, 6, rue Saint-Spire.

LA VESTALE
POT-POURRI.
Par M. DÉSAUGIERS.

Air : *V'là c' que c'est qu' d'aller au bois.*

L'aut' matin je m' disais comme' ça :
« Mais qu'est c' qu'c'est donc qu'un opéra ? »
V'là qu'dans un' rue, au coin d'la halle,
J'lisons : *la Vestale,*
Faut que j'men régale :
C'est trois liv' douz' sous qu'çam'coutera...
Un' Vestale vaut bien ça.

Air : *Décacheter sur ma porte.*

On m'dit qu'la pièce est si triste.
Qu'faudrait pour qu'on y résiste
Avoir un cœur de rocher...
Moi qui n'ai d'mouchoir qu'pour m'moucher,
J'vas trouver l'voisin Baptiste.
Qui m'prête un mouchoir d'batiste.

Air : *Tous les Bourgeois de Chartres.*

L'heur' du spectacle approche :
J'me r'quinqu' plus vite que ça,
Et les sonnett's en poche,
J' courons à l'Opéra,
Mais voyant qu' pour entrer
L'on s' bat dans l'antichambre,
Je m'dis : voyez queu chien d'honneur,
Quand pour c'te Vestale d'malheur,
J'me s'rais foulé z'un membre !

Air : *Du Lendemain.*

N' croyez pas, ma cocotte,
Qu'tout exprès pour vos beaux yeux,
J'allions à propos d'botte,
M' fair' casser z'un' jambe ou deux.
J'reviendrons, n'vous en déplaise...
N' sait-on pas qu'il est d'zendroits
Où c' qu'on entre plus à l'aise
La seconde fois ?

Album du Gai Chanteur.   8ᵉ *livraison.*

Air : *Tarare Pompon.*
J'nons pas putôt ach'vé
Qu'la parole étouffée
Par un' chienne d'bouffée
Je m' sentons soulevé ;
Le déluge m'entraîne,
Et me v'là z'en deux temps,
Sans billet et sans peine,
Dedans.

Air : *A boire, à boire, à boire.*
Silence ! silence, silence !
V'là qu'là première acte commence,
Chacun m'dit d'mettre chapeau bas...
Je l'mets par terre, y n'tombera pas.

Air : *Il était une fille.*
J'voyons un monastère
Où c'qu'une fille d'honneur
Etait r'ligieuse à contre-cœur.
C'était monsieur son père
Qui, l'jour qu'il trépassa,
D'sa fille exigea ça....... ba !

Air : *Quoi ! ma voisine est-tu fâchée ?*
Quand aux règles du monastère
Un' fill' manquait,
On vous la j'tait toute vive en terre
Comme un paquet.
Si la terre aujourd'hui d'nos belles
Couvrait l's abus,
J' crois bien qu' j'aurions plus de d'moiselles
Dessous que d'ssus.

Air : *Dans les Gardes-Françaises.*
V'là z'enfin un bel homme
Qu'alle avait pour amant,
Qui r'vient vainqueur à Rome
Avec son régiment :
Il apprend que l'cher père
A cloîtré son objet...
Il pleure, il s'désespère ;
Mais c'est comme s'il chantait.

Air : *Traitant l'amour sans pitié.*

Dans c'pays-là, par bonheur,
La loi voulait qu'on choisisse
La Vestal' la plus novice
Pour couronner le vainqueur.
« Tu r'viens comm'Mars en carême,
Lui dit tout bas cell' qu'il aime,
Pour r'cevoir l'diadême
Du cœur dont t'as triomphé. »
Il veut répondre, il s'arrête ;
Il la r'garde d'un air bête,
Et le v'là qui perd la tête
Au moment d'être coiffé.

Air : *Bonsoir la Compagnie.*

Enfin un serr'ment de main lui dit :
« Prends garde, on nous regarde. »
La v'là qui se remet,
V'là qu'elle lui met
Un beau plumet.
A c'te nuit j' te le promets,
A c'te nuit j' te l'permets.
« Puisqu'la cérémonie,
Dit l'abbesse, est finie,
Rentrez dans vot' dortoir ;
Jusqu'au revoir, bonsoir. »

Air : *A boire, à boire, à boire.*

Silence ! silence ! silence !
V'là qu'la seconde acte commence,
Et j'vois l'enceinte du saint lieu,
Avec un réchaud z'au milieu.

Air : *J'arrive à pied de province.*

On ordonne à la r'ligieuse
D'entretenir le feu ;
S'il s'éteint la malheureuse
N'aura pas beau jeu ;
A son d'voir ell' s'apprête,
N'osant dir' tout haut
Qu'elle a ben d'autres feux en tête
Que le feu du réchaud.

Air *des Fraises.*

La v'là seule et dans son cœur,
 Où qu'la passion s'concentre,
Elle appelle son vainqueur...
 Mais que d'viendra son honneur...
 S'il entre, s'il entre, s'il entre ?

Air : *Du Haut en Bas.*

Il entrera,
S'dit-elle au bout d'un bon quart-d'heure,
 Il entrera,
Et puis après il sortira.
G'na ben assez longtemps que j'pleure ;
Du moins j'dirai, s'il faut que je meure,
 « Il est entré. »

Air : *Une Fille est un Oiseau.*

S'tôt pris, sitôt pendu,
Elle court ouvrir la porte :
L'amant que l'plaisir transporte,
Accourt d'amour éperdu.
 « Faut qu'ce soir je t'appartienne,
J'ai ta parole, t'as la mienne,
Pus d' Dieu, pus d'réchaud qui tienne. »
 « Ciel ! m'arracher de c'lieu saint ? »
Bref, mêm' rage les consume :
 Et tandis qu'leur feu s'allume,
V'là t'y pas qu' l'autre s'éteint.   (*bis.*)

Air : *Au coin du feu.*

« O ciel ! je suis perdue !
« Dit la Vestale émue,
« G'na pas d'bon Dieu.
Et v'là qu'la pauvre amante
Tomb' glacée et tremblante
Au coin du feu, au coin du feu, au coin du feu.

Air : *Des Trembleurs.*

Le cri d'la belle évanouie
Donne l'alerte à l'abbaye
Qui s'réveill' toute ébahie.
Et l'amant qui s'sent morveux,

Voyant qu'on crie à la garde,
S'esbigne en disant : « Si j'tarde,
Si j'mamuse à la moutarde,
Nous la gobons tous les deux. »

AIR : *Dépêchons, dépêchons, dépêchons.*

Ah ! mamsell' qu'avez-vous fait là,
  Dit d'un' voix d'tonnerre
Le révérend du monastère,
Ah ! mamsell' qu'avez-vous fait là,
Vot' feu s'est éteint ; mais il vous en cuira.
D'shabillez, d'shabillez, d'shabillez-là ;
  Son affaire est claire ;
Qu'à l'instant même on l'enterre
Et qu'ça mor, et qu'ça mor, et qu'ça morbleu !
L'y apprenne un' aut'fois à mieux souffler son feu.

AIR *des Pendus.*

La dessus on lui couv' l'estomac
D'un linge tout noir qu'a l'air d'un sac ;
L'orchest' l'y joue à sa manière
Un' marche à porter l'diable en terre,
Et la patiente d'son côté,
S'dit tout bas : « J'm'en avais douté. »

AIR : *A boire, à boire, à boire.*

Silence ! silence ! silence !
V'là qu'la troisième acte commence,
J'vois six tombeaux, sept, huit, neuf, dix,
Qu'c'est gai comm' un *de profundis.*

AIR : *Au clair de la lune.*

Au clair de la lune,
L'amant tout en l'air,
Sur son infortune
Vient chanter z'un air,
Où c'qu'il dit : « Qu'alle meure,
Et j'verrons beau train !
S'il fait nuit à c't'heure,
Il f'ra jour demain. »

Air *des Fleurettes.*

Mais drès que d'la Vestale
Il entend v'nir l'convoi,
Crac, le v'là qui détale...
On n'sait pas trop pourquoi.
Devant la fosse il s'arrête
On croit que l' pauvre officier
D' chagrin va s'y j'ter le premier;
Mais pas s'y bête.

Air : *Le port Mahon est pris.*

Du plus haut d'la montagne,
L'enfant descend, tout l'monde l'accompagne,
Et tout bas chaqu' compagne
S'dit en allongeant l'cou :
V'là son trou, v'là son trou, v'là son trou :
Pendant l'*miserere*
Qu'entonne monsieu l'curé,
Blême et pus morte qu'vive,
Au bord du trou la Vestale arrive.
Tout l'mond' demand' qu'alle vive,
L'curé répond : nenni, N I, ni, c'est fini.

Air : *Bonjour mon ami Vincent.*

C'tapendant, qu'il dit, j'veux bien,
Fair' encore queuqu'chose pour elle,
Sur c'réchaud où gn'a plus rien,
Mettez l'fichu d'la demoiselle,
Si l' linge brûle on n' l'enterra pas...
S'il n' brûl' pas, ell' n' l'échapp'ra pas...
Vous l'voyez, aucun' étincelle
N'vient contremander son trépas.
Or, plus d'débats;
Du haut en bas,
Gn'a point z'a dire, faut qu'ell' saute l' pas...

Air : *Nous nous marierons dimanche.*

« Douc'ment, dit l'amant,
Qui guettait l'moment...
« Faut qu'enfin l'chap'let s'débrouille,
C'est moi qu'a tout fait,

Grâc' pour mon objet,
Sinon, j'ai là ma patrouille.
　　Par son trépas,
　　D'un crim' vot' bras
　　　Se souille...
　　Si ce n'est pas,
　　J'veux qu'mon damas
　　　Se rouille... »
« Mon Dieu comme il ment !
　Dit la pauvre enfant :
Ni vu, ni connu, j'tembrouille. »

Air : *Rantamplan tirelire.*

Vite à moi mon régiment,
　En plein, plan r'lantamplan,
　　V'là z'un enterr'ment
Qu'à l'instant et d'but en blanc
　Il faut mettre en déroute.
　Battons-nous, coût' qui coûte,
　Quoique j' n'y voyons goutte ;
Mais l'régiment du couvent,
　En plein, plan r'lantamplan,
　　Qu'est pour l'enterr'ment,
Répond qu'il vers'ra son sang
　Jusqu'à la dernière goutte.
　Pendant queuqu'temps on doute
　Qu'est-c' qu'emportera la r'doute.
Au bout d'un combat sanglant,
　En plein, plan r'lantamplan,
　　Au lieu d' l'enterr'ment
C'est le régiment de l'amant
　Qui s' trouve être en déroute.

Air : *Il a voulu, il n'a pas pu.*

　Gn'a pas d'milieu,
　Faut s'dire adieu ;
C'est t'y ça qui vous l' coupe ?
　Rien que d' les voir,
　V'là mon mouchoir
Qu'est trempé comm' un' soupe.

Air: *N'est-il, Amour, sous ton empire.*

L' pauvre agneau descend dans la tombe,
    Qu'c'est pain béni !...
Sur sa tête l'couvercle r'tombe,
    V'là qu'est fini.
Pour si peu se voir maltraitée,
    L'beau chien de plaisir !
Et n'la v'là t'y pas ben plantée
    Pour raverdir.

Air : *Ciel ! l'univers va-t-il donc se dissoudre?*

Mais patatras !... v'là z'un éclair qui brille...
Et l'tout puissant qui j'dis n'est pas manchot,
    Pour sauver la pauvre fille,
    Vous lâche un pétard qui grille
L'diable d' chiffon qui pendait sur l'réchaud.
    Vive le père éternel,
      Qui d'son tonnerre
      Arrange l'affaire !...
      J'n'y comptions guère :
    C'est z'un coup du ciel.

Air : *Ah ! mon Dieu ! que je l'échappe belle.*

Ah ! mon Dieu ! que je l'échappe belle !
    Dit en sortant l'cou
    Au-d'ssus du trou,
    La demoiselle...
Au bon Dieu, je devons un' fièr' chandelle !
    Car je n'pouvons pas
M'dissimuler que j'étions ben bas.

Air : *O filii et filiæ.*

Tant y a que l'couple s'épousa
Et qu'chaqu' Vestal' dit voyant ça :
« Quand est-c' qu'autant m'en arriv'ra ?
    Alleluia.

LA MARSEILLAISE

Chant National de 1792.

Paroles et Musique de **ROUGET DE L'ISLE**.

La Musique se trouve chez **A. HURÉ**, libraire-éditeur à Paris, rue Dauphine, n° 44, près le Pont-Neuf.

Allons, enfants de la patrie,
Le jour de gloire est arrivé;
Contre nous de la tyrannie
L'étendard sanglant est levé.   (bis.)
Entendez-vous dans les campagnes,
Mugir ces féroces soldats!
Ils viennent jusques dans vos bras,
Égorger vos fils, vos compagnes!

    Aux armes, citoyens,
    Formez vos bataillons,
    Marchons, marchons,
    Qu'un sang impur,
    Abreuve nos sillons!

Que veut cette horde d'esclaves,
De traîtres, de rois conjurés ?
Pour qui ces ignobles entraves,
Ces fers dès longtemps préparés ? (*bis.*)
Français, pour nous, ah ! quel outrage !
Quels transports il doit exciter !
C'est nous qu'on ose méditer
De rendre à l'antique esclavage !
    Aux armes, etc.

Quoi ! des cohortes étrangères
Feraient la loi dans nos foyers !
Quoi ! ces phalanges mercenaires
Terrasseraient nos fiers guerriers ! (*bis.*)
Grand Dieu ! par des mains enchaînées,
Nos fronts sous le joug se ploîraient !
De vils despotes deviendraient
Les maîtres de nos destinées !
    Aux armes, etc.

Tremblez, tyrans, et vous, perfides,
L'opprobre de tous les partis !
Tremblez, vos projets parricides
Vont enfin recevoir leur prix ! (*bis.*)
Tout est soldat pour vous combattre ;
S'ils tombent, nos jeunes héros,
La terre en produit de nouveaux
Contre vous, tout prêts à se battre !
    Aux armes, etc.

Français, en guerriers magnanimes,
Portez ou retenez vos coups ;
Epargnez ces tristes victimes
A regret s'armant contre nous : (*bis.*)
Mais ce despote sanguinaire,
Mais les complices de Bouillé,
Tous ces Tigres qui, sans pitié,
Déchirent le sein de leur mère !...
    Aux armes, etc.

AMOUR SACRÉ de la patrie,
Conduis, soutiens nos bras vengeurs :
Liberté, liberté chérie,
Combats avec tes défenseurs : (bis.)
Sous nos drapeaux que la victoire
Accoure à tes mâles accents;
Que tes ennemis expirants
Voient ton triomphe et notre gloire!
  Aux armes, etc.

Nous entrerons dans la carrière
Quand nos aînés n'y seront plus;
Nous y trouverons leur poussière
Et la trace de leur vertus ! (bis.)
Bien moins jaloux de leur survivre
Que de partager leur cercueil,
Nous aurons le sublime orgeuil
De les venger, ou de les suivre!

  Aux armes, citoyens,
  Formez vos bataillons,
  Marchons, marchons,
  Qu'un sang impur,
  Abreuve nos sillons!

GENTILLE ANNETTE

Air Connu.

Gentille Annette,
Tu vas seulette,
Sous la coudrette,
Chanter le Robin-des-Bois :
C'est pour savoir si le printemps s'avance,
Pour chasser l'échéance
De nos climats d'hiver.
Tra la la la la, etc.

Dans le village,
Sous le feuillage,
Tu surpasses, je gage,
Même la cour des rois.
C'est pour savoir, etc.

Gentille hirondelle,
Déployant tes ailes,
Tu fuis avec elle
La coupe des bois.
C'est pour savoir, etc.

Le beau Narcisse,
La croyant novice,
Près d'elle se glisse,
La suit pas à pas.
C'est pour savoir etc.

Hirondelle volage,
Parcourant le bocage,
Tu fuis à l'ombrage
Des pays déserts.
C'est pour savoir, etc.

Adieu donc, ma belle ;
Adieu donc, cruelle ;
Jamais de nouvelle
Tu n'auras de moi.
C'est pour savoir, etc.

Paris, A. HURÉ, rue Dauphine, 44.
près le Pont-Neuf.

Paris. — Typ. CHAUMONT et COPIN, 6, rue Saint-Spire.

IL FAUT R'MERCIER
L'BON DIEU D'TOUT

ou

L'OPTIMISTE,

Par Hippolyte MARIE.

La Musique se trouve chez **A. HURE**, libraire-éditeur à Paris,
rue Dauphine, n° 44, près le Pont-Neuf.

Je suis l'fils d'un' vivandière,
Qu' chérissaient tous les soldats ;
Je n'dirai rien de mon père,
Puisque je n'le connais pas.
J'entends bien dire à la ronde,
Qu'd'un bâtard, on rit partout.
Mais... qu'est qu'ça m'fait ?... j'suis au monde :
Il faut r'mercier l'Bon Dieu d'tout !   (bis.)

Quoique j'fusse un enfant d'troupe,
Je n'aimais rien tant qu'la paix ;
Aussi, dix ans, j'fis la soupe
Et je n'me battis jamais.
Ma peur, dit-on, déshonore,
Mais, ça n'me fait rien du tout...
Si j'suis poltron, j'vis encore...
Il faut r'mercier l'Bon Dieu d'tout !   (bis.)

Album du Gai Chanteur.   9ᵉ livraison.

V'là qu'dans un'maudite affaire,
Mon régiment fut surpris;
Je fais l'mort, je m'jett' par terre,
Et je r'çois l'feu des enn'mis.
Un boulet que rien n'arrête
M'enlève un' jamb', tout-à-coup!...
Il pouvait m'casser la tête...
Il faut r'mercier l'Bon Dieu d'tout.   (bis.)

On m'portait à l'ambulance,
Un cosaque maladroit
Fond sur nous, et, de sa lance,
Sans l'viser, m'crève l'œil droit...
Mais, d'puis, j'n'en ai fait que rire
Avec l'autr' qui m'mèn' partout :
Je lirais, si j'savais lire...
Il faut r'mercier l'Bon Dieu d'tout.   (bis.)

De mes blessur's, au fond d'l'âme,
N'conservant aucun orgueil,
J'vins à Paris, j'pris un' femme,
Je n'sais pas où j'avais l'œil!...
Laide, coquette, irascible,
En l'épousant, qu'jeus peu d'goût...
Trouver pire était possible...,
Il faut r'mercier l'Bon Dieu d'tout!   (bis.)

Ben qu'ell' ne fut pas gentille,
Et qu'elle eût l'regard altier,
Un beau jour, à la Courtille,
Ell' conquit un guernadier.

L'galant, sous l'pied, m'coupa l'herbe,
J'vis que j'n'étais pas au bout...
Mais, c'était un homm' superbe !
Il faut r'mercier l'Bon Dieu d'tout.   (bis.)

Un jour que j'grondais ma femme,
L'grenadier m'lance un soufflet,
Puis, m'dit, la fureur dans l'âme :
Vite, en garde, s'il vous plaît !
L'démon tirait comme un ange,
Le bras m'tomb' du premier coup ;
Mais, de l'autre j'bois et j'mange...
Il faut r'mercier l'Bon Dieu d'tout !   (bis.)

Enfin, ma maudite femme,
M'donna presque à mon insu,
Un' p'tit' fill' qui rendit l'âme
Presqu'aussitôt qu'ell' la r'çut !...
D'sa mort, quoiqu'ell' fut gentille,
De m'consoler j'vins à bout ;
Car la mèr' suivit la fille...
Il faut r'mercier l'Bon Dieu d'tout !   (bis.)

Je m'trouve heureux d'être au monde
Et j'crains l'éternel sommeil ;
J'possède un'jamb' sans *seconde*,
Mon bras n'a pas *son pareil*.
Toujours du même œil je lorgne
Le bien, l'mal, et j'dis partout :
Quoiqu' manchot, bancal et borgne,
Il faut r'mercier l'Bon Dieu d'tout !   (bis.)

LES EMBARRAS
D'UN CHANSONNIER,

CHANSONNETTE.

Air : *de la Treille de Sincérité.*

Je veux faire une chansonnette
J'ai beau chercher, rien ne me plaît !
    Ma musette
    Reste muette
Et ne trouve pas un couplet.

Chaque semaine, à la goguette,
Je dois apporter ma rançon.
Mes amis vont payer leur dette,
Et, nul, me voyant sans chanson,
Ne me servira d'échanson !
Ils diront : Lui, qui nous amuse,
En chantant des refrains grivois !...
A-t-il battu,... chassé sa muse ?
Ou bien, a-t-il perdu la voix ?   *Je veux, etc.*

Encor, si j'avais la manière,
Du poète à l'esprit charmant,
Qui chanta si bien *la Fermière,*
Les Cloches et *l'Isolement,*
Et *l'Écolière,* en tendre amant !
Non ! ma plume n'est pas trempée,
Pour imiter pareil rival
Et commencer une épopée
Qui doit finir... à l'hôpital !   *Je veux, etc.*

Je pourrais bien chanter les cornes,
En dépit de quelques maris.
La chanson connaît peu de bornes,
Et le bois de cerf à son prix...
Rien que d'y penser, moi, je ris.
Mais, à l'oreille, on vient me dire,
Que tel malheur est vénéré,
Et que ceux qui pourraient en rire
Pour leur compte, ont souvent pleuré !   *Je veux, etc.*

Je pourrais aussi, pour mémoire,
Célébrant nos anciens troupiers,
Faire rimer Gloire et Victoire,
Les Lauriers avec les Guerriers,

Et ne serais pas des premiers!
Debraux a dit : mieux que personne,
En souvenir de nos succès :
« Quand on regarde la colonne,
« Ah! qu'on est fier d'être Français !   Je veux, etc.

De la jeune armée invincible
Rien ne peut arrêter l'essor :
Le passage est inaccessible!...
On le franchit et sans effort,
Par mer ou terre, au sud, au nord !
Grâce à vous, braves militaires,
Par qui tout chemin est frayé ;
De nos plus grands dictionnaires
IMPOSSIBLE sera rayé !   Je veux, etc.

Chanterai-je les crinolines ?
Ce sujet ne déplairait pas,
Si déjà cent voix féminines
N'avaient défendu les appas,
Et les attraits qu'elles n'ont pas.
Bien à tort, ma verve s'allume ;
Il ne faut pas, pour quelques sous,
Contre l'*acier* croiser la plume...
Mieux vaudrait avoir le dessous.   Je veux, etc.

A force de chercher, on trouve.
Mon sujet, je le tiens enfin !
Versez à boire, et je vous prouve,
Que souvent l'auteur le plus fin
Commence une œuvre par la fin.
Je vais, refaisant une enquête,
De mes soucis, jusqu'au dernier,
Vous les chanter, et mettre en tête :
Les Embarras du Chansonnier.

  Je vais faire une chansonnette,
  Sur un gai refrain qui me plaît ;
    Ma musette
    N'est plus muette :
Écoutez   } le premier couplet.
A demain

JULES CHOUX.

ELLE AIME A RIRE
ELLE AIME A BOIRE,
CHANSON BACHIQUE,
du Général LASALLE.

Amis, il faut faire une pause :
J'aperçois l'ombre d'un bouchon,
Buvons à l'aimable Fanchon...
Pour elle faisons quelque chose.

Oh ! que son entretien est doux,
Qu'elle a de mérite et de gloire...
Elle aime à rire, elle aime à boire, } bis.
Elle aime à chanter comme nous !

Fanchon, quoique bonne chrétienne,
Fut baptisée avec du vin ;
Un Allemand fut son parrain,
Une Bretonne sa marraine.
   Oh ! que, etc.

Elle préfère une grillade
Au repas le plus délicat ;
Son teint prend un nouvel éclat
Quand on lui verse une rasade...
   Oh ! que, etc.

Si quelquefois elle est cruelle,
C'est quand on lui parle d'amour ;
Mais moi je ne lui fais la cour
Que pour m'enivrer avec elle.
   Oh ! que, etc.

Un jour, le voisin Lagrenade,
Lui mit la main dans son corset :
Elle riposta d'un soufflet
Sur le museau du camarade.
   Oh ! que, etc.

LES DIEUX D'HOMÈRE

AIR : *Béranger à l'Académie.*

Siècles heureux de la mythologie,
Que je voudrais vous voir revivre encor !
Car, celui-ci n'a pas d'analogie,
Avec les temps où régnait l'âge d'or.
Siècle de fer, de houille et de bitume,
Tes hauts-fourneaux noircissent l'horizon ;
Les cris aigus jetés par ton enclume
Ont effrayé les dieux de ma maison. (*bis.*)

Nos lois, nos mœurs, nos usages antiques,
Que présidait chaque divinité,
Etaient les sœurs des vertus domestiques ;
Mais le progrès n'était pas inventé.
Simplicité qu'égayait Epicure ;
Plus d'une fois je t'ai donné raison ;
Ton temple gît sous celui de Mercure :
Ils ont chassé les dieux de ma maison ! (*bis.*)

Les bois, les monts, les vallons et les plaines,
Retentissaient des airs de nos pipeaux :
De nos moissons les granges étaient pleines,
Et nous dansions au milieu des troupeaux.
Mais aujourd'hui que la vie est active,
J'ai vu le temps, triste comparaison,
Courir après une locomotive.
Vous emportez les dieux de ma maison ! (*bis*)

Tandis qu'Hébé nous versait l'ambroisie,
Et que Vénus d'un souris grâcieux
Applaudissait le chant, la poésie,
On remarquait la sagesse des dieux.
Beaux jours passés ! — Vous trouvez préférable
Un vin mousseux qui trouble la raison ;
Jupin s'endort, Minerve est sous la table !...
Vous corrompez les dieux de ma maison. (*bis.*)

A. GUY.

CHANT DES VOLONTAIRES FRANÇAIS.

Air : *Mourir pour la patrie.*

Le Piémont jette un cri d'alarme
Et nous appelle à son secours ;
Ouvriers, soldats, chacun s'arme,
Chacun veut lui donner ses jours.

    Délivrons l'Italie !   (bis.)
Sous un joug oppresseur, elle gémit et crie :
A nous, peuple Français ! — Délivrons l'Italie !

L'Autrichien voudrait par la guerre,
Voir l'Italie à ses genoux ;
Chassons ce tyran mercenaire...
Il doit succomber sous nos coups.
    Délivrons, etc.

Des Français la noble vaillance,
Étonna toujours l'Univers ;
Et, d'un peuple ami, notre France
N'a qu'à vouloir briser les fers!
    Délivrons, etc.

Du Piémont, braves volontaires,
Allons seconder les efforts ;
Au retour, bénis par nos mères,
Nous partagerons leurs transports.
    Délivrons, etc.

JULES CHOUX.

LES JOURNAUX DE PARIS.

Juin 1859.

Air : *Ah ! le bel oiseau, maman !*

Tant qu' messieurs les Autrichiens
    Voudront nous faire
      La guerre,
Les grands journaux quotidiens
F'ront la guerre aux Parisiens.

Le Parisien rit de tout :
Bruit de fête et bruit de guerre,
Seront toujours de son goût;
Il sait combattre et s' distraire.
    Tant, etc.

Or, on dit, de toutes parts,
Que cette belle Italie,
Mère féconde des arts,
Par l'Autriche est envahie.
    Tant, etc.

Il faut bien, pour quelques sous
Veiller sur sa propre gloire ;
J' suis Parisien et, comm' vous,
Je dois payer ma victoire.
    Tant, etc.

Je vois le *Paris-Journal*,
Donner des portraits... mais comme
Il serait original,
S'il nous fournissait des hommes.
    Tant, etc.

Figaro s'est fait timbrer,
Et se vend trent'-cinq centimes ;
Je souhait' qu'il puiss' durer...
Et suis un' de ses victimes.
  Tant, etc.

La *Gazette de Paris*,
Comm' cell' de *France*, où en glose,
Se vend au plus juste prix...
Et n'est pas la *Gazett' Rose*.
  Tant, etc.

Le *Messager*, officiel,
Avec nos soldats voyage ;
Et le *Constitutionnel*
Applaudit notre courage.
  Tant, etc.

Le grand *Journal des Débats*,
Depuis longtemps se prépare,
A célébrer nos combats
En *bon Français*... chose rare !
  Tant, etc.

Chaq' jour, le *Courrier d' Paris*,
Est à la press' comm' la *Presse*,
La *Patrie* est hors de prix...
Et le *Pays* est en *baisse*.
  Tant, etc.

Le *Siècle* marche au progrès,
L' *Moniteur* donne l'exemple,
L' *Charivari* vient après
Et l'*Univers* les contemple.
  Tant, etc.

Mons. Figaro, sans raisons,
Dit (autrement qu' lui, je pense) :
Tout finit par des chansons...
Ça finira par un' danse !
  Tant, etc.

      JULES CHOUX.

TROTTE, COCOTTE.

SIMPLE HISTOIRE.

AIR : *Hue donc, mon âne!* (PIERRE DUPONT.)

Chacun connaît dans le village
Gros Pierre, le garçon meunier,
Ne boudant jamais sur l'ouvrage,
Et le plus malin du quartier. *(bis.)*
Aussi la p'tite Madeleine,
La fille de notre bourgeois,
Tout net, sent sa pauvre âme en peine,
Dès que d'loin elle entend ma voix.
    Allons, Cocotte,
    Plus vite trotte
Et suivons droit notre chemin.
Va, le bourgeois paiera du vin.
    Vite, vite,
    Ma petite,   *bis.*
La farine manque au moulin.

J'fais tout plein des économies,
Pour être flambant à ses yeux;
L's autres filles sont ébahies,
De tous les gars j'leur semble l'mieux. *(bis.)*
C'est que j'suis brillant comme un astre,
Lorsque j'revêts tous mes atours;
L'monde est ému, c'est un désastre,
Quand pour le bal, au soir, j'accours.
    Allons, Cocotte, etc.

Cocotte, ma bonne bourrique,
Si j'réussis dans mes amours,
Comme on dorlotte un' fille unique,
J'te f'rai couler d'bien heureux jours. *(bis.)*
On t'en fourrera d'la mangeaille,
Ta p'tite queue, on va t'la friser ;
En attendant, ma bell' travaille,
Ce soir, nous pourrons mieux jaser.
    Allons, Cocotte, etc.

Près d'où rêvait ainsi Gros-Pierre,
La voiture d'un grand seigneur
Versait dans une fondrière.
Un cri s'échappe ; ah ! quel malheur ! *(bis.)*

Un bon vieillard à tête blanche
Accourt, lui dit : mes biens, mon or,
J'donne tout au sauveur de ma blanche,
Ma seule enfant, mon seul bonheur.
   Allons, Cocotte, etc.

Blanche est sauvée ! Ah ! qu'elle est belle !
Notre gars l'admire à genoux.
— J'ai promis de payer ton zèle,
Dit le père. Allons, taxe nous ?   (bis)
— De l'or, répond le pauvre hère ?
J'en veux, donnez, donnez beaucoup !
En Crésus on transforme Pierre,
Qui semble abasourdi su' l'coup.
   Alors, Cocotte,
   Plus vite trotte,
 Tout en suivant droit son chemin
 Et ruminant à son destin.
   Seule, vite,
   La petite   } bis.
 Porte la farine au moulin.

Mais, voilà l'plus beau de l'histoire :
Gros-Pierre plein d'or, de bijoux,
Au seigneur dit : L'fait est notoire ;
J'suis riche à présent comme vous.   (bis)
Mam'zelle Blanche est si gentille ;
Troquons ma dot contre sa main.
L'papa réfléchit, et sa fille
Epous' l'enrichi le lend'main.
   Depuis, Cocotte,
   Fièrement trotte,
 En parcourant le grand chemin.
 On a doublé son picotin.
   L'âme fière,
   Le Gros-Pierre,   } bis
 Oublie et meunière et moulin.

    A. HALBERT, d'Angers.

---

*Tout exemplaire non revêtu du timbre de l'éditeur
sera poursuivi comme contrefaçon.*

Paris. — Typ. CHAUMONT et COPIN, 6, rue Saint-Spire.

LEÇON DE DANSE

DONNÉE PAR UN

ZOUAVE

A UN

AUTRICHIEN.

CAMPAGNE D'ITALIE 1859.

Air : *de la Valse du petit François.*

Petit Autrichien,
Puisque tu l' veux bien,
Je vais t'apprendre à mon aise,
Foi de Parisien,
Le meilleur moyen
De danser à la Française,
Ainsi qu'à la Piémontaise.
Prête l'oreille, ouvre bien l'œil,
Aux conseils du pétit zouave ;
Et, franchement, fais-lui l'accueil,
Que l'ennemi fait au vrai brave.
Devant nos bataillons,
Pron, pron, pron, prompts.   (bis.)
On marche à reculons :
Watt, fer fich (bis), *Aus'trich!*
Le doigt sur la couture ;
Marque l' pas et la mesure...

Album du Gai Chanteur.   10ᵉ *livraison.*

Drin, drin, drin, drin !
Tra la la la la la la la la la la la la,
Tra la la la la !
Drin, drin, drin, drin, tra la la la la,
Tra la la la la !
(*Tyrolienne à volonté.*) Tra la la lère.   (*bis.*)
Tra la la la la la la la la ! etc.

Sur les bords du Pô,
A Montebello,
Les musiciens d' la patrie.
Ont offert le bal
Et donné l' signal,
A notre corps d'harmonie,
Qui d' danser crevait d'envie !
La contrebasse était l' canon ;
La clarinett', la fusillade ;
Plus d'un des tiens, au violon,
D'avoir dansé s' trouvait malade.
Après quelques leçons,
Pron, pron, pron, prompts.   (*bis.*)
Vous s' rez gentils garçons...
Watt fer fich (bis), *Aus'trich !*
Et la *Pelle Idalie*,
Deviendra ton amie...
Drin, drin, etc.

A ton dernier bal,
Un brav' général,
Un danseur plus chaud que braise,
Essuyant tes feux,
Est mort sous tes yeux,

En t' montrant la chaîne anglaise :
Il est mort... à la française !
Abandonnant Montebello,
Devant nos phalanges guerrières,
Vous vous sauviez au grand galop,
Dans le plus *gai* des cimetières.
  Pour avoir l'agrément
D'assister, pron, pron, pron, pron, pron,
  A votre enterrement :
 Watt fer fich (bis), *Aus'trich !*
  Car, sous l'fer de nos zouaves
  Vous mourriez tous en braves...
  Drin, drin, etc.

 — Ah ! ch'ai tant tansé,
  Qu'je suis harrassé ;
Ch'ai soif et j' te mante à poire,
 — Non tu danseras
  Mazurkas, polkas,
Jusqu'au bout du répertoire ;
Il faut bien payer sa gloire !
— Moi j'être tans les brisonniers ;
Je tanse, et chez nous, on en glose.
— Bah ! repos'-toi sur tes lauriers
Et vois encor la vie en rose...
  Quand tu seras guéri,
Pron, pron, pron, pron, pron, etc,
  On t'dira mon chéri :
 Watt fer fich (bis), *Aus'trich !*
  Si t'aim's toujours la danse,
  Reviens à l'ambulance.
  Drin, drin, etc.

      JULES CHOUX.

ITALIE...
SOUVIENS TOI !..
HYMNE DE RÉSURRECTION.
Paroles D'ADOLPHE JOLY.

Air : *de la Plainte du Mousse, ou des Feuilles mortes.*

Ils disaient en riant — les modernes vandales
En avant !... le Piémont, parle de s'affranchir ;
Sa dépouille ornera nos villes féodales,
Combattons ! Combattons !... C'est pour nous enrichir.
A la cité féconde, aux champs, à la colline
Nous vendrons désormais et le soleil et l'air :
A nous l'or de Turin... Sardes que l'on s'incline,
Nous avons relevé la toque de Gessler !

Insensés ! ils frappaient de la botte et du glaive
Le noble lionceau, leur vaillant ennemi ;
Mais... voilà que dans l'ombre, un géant se soulève,
Celui qu'ils croyaient mort... il n'était qu'endormi !..
L'Italie a chanté l'hymne de délivrance.
Aux généreux accents de ce peuple enflammé,
Un noble écho répond... c'est la voix de la France
De son trône d'azur, Dieu soutient l'opprimé.

Ce magique étendart que le soleil colore,
Cent combats de géants l'ont vu victorieux ;
C'est l'Aigle de Wagram, sur son nid tricolore ;
L'Aigle fort et puissant, qui plane dans les cieux.
L'Autriche veut régner sur cent peuples esclaves :
Imprudente !.. Imprudente !.. elle ne voit donc pas
Les Tsèkes, les Hongrois, les Hellènes, les Slaves
Qui la guettent dans l'ombre et suivent tous ses pas.

Italie !.. Italie !.. O reine au front superbe
L'horizon resplendit, tu peux briller encor.
Souviens-toi !.. Souviens-toi !.. saisis là-bas... dans l'herbe
Ta couronne de fer et ton beau sceptre d'or,
Italie !.. Italie !.. en vain l'on veut te prendre
Et ton magique éclat et ta vieille splendeur ;
Le canon gronde au loin... le canon va te rendre
Puissance !.. Liberté !.. Nom !.. Richesse et Grandeur !..

LA QUESTION ITALIENNE,

SCÈNE MILITAIRE.

Par Jules CHOUX.

A Paris, chez A. HURÉ, libraire-éditeur, 44, rue Dauphine.

PERSONNAGES :

BRISETOUT, Sergent............. (*Le Duriveau de la chose.*)
GALICHET, Paysan, Jardinier....... (*Genre Lassagne.*)

I.

BRISETOUT. Eh bien! arrives-tu, clampin?
GALICHET (*une bêche sur l'épaule*). Eh! jarnigué, me v'là! J'arrivons encore les premiers.
BRISETOUT. Je me plais à reconnaître ton exactitude; car, il ne suffit pas de régaler son sergent; il faut le suivre... et je te mènerai dans les bons endroits. — Tu seras tué l'un des premiers....
GALICHET. C'est ben rassurant!
BRISETOUT. Ou, t'auras la croix.
GALICHET. Marci, ben obligé!
BRISETOUT. Ah! tu n'aimes donc pas la gloire?
GALICHET. Dame... j'sais pas.
BRISETOUT. Tu n'es donc pas un homme?
GALICHET. Si, si, si!... à moins qu'on ne m'ait changé en nourrice.
BRISETOUT. Nigaudinos, va!... Tu es Français, au moins?
GALICHET. Parbleu! puisque j'sons d'Pontoise.
BRISETOUT. Pontoise!... *Seine-et-Oise*... Eh bien, justement; l'Autrechien veut nous faire des *scènes* et nous chercher une *noise*.
GALICHET. Et... j'voulons point d'ses *scènes*, ni de son *oise?*
BRISETOUT. Comme tu dis, bibi; et j'en suis bien *oise*.

Tu parles comme ta *grand'mère* Françoise. Je vois que tu feras un guerrier.

AIR : *Le peuple est roi.*

Moi, j'ai toujours eu du goût pour la guerre :
  Enfant, j'étais un mauvais garnement ;
  J'étais bruyant, taquin et volontaire,
  Aussi, j'ai dû servir volontair'ment.

GALICHET.

Moi, j'somm's moins brave, et, si j'pouvions, morguenne,
  En c'moment-ci, faire à ma volonté,
  J'vous laisserions partir tout seul, sans peine.
  Et je lirions l'journal en liberté.

BRISETOUT. Le journal ?... tu lis le journal !... Est-ce que tu saurais *écrire*, par hasard ?

GALICHET. Heu ! heu !... je signe... je fais mon *signe* de la croix.

BRISETOUT. Tu sais lire, au moins ?

GALICHET. Oh ! oui.

BRISETOUT. Eh bien ! c'est tout c'qu'il faut. — Alors, tu dois avoir vu dedans les feuilles publiques ce qu'il se passe dedans la Péninsule... c'est-à-dire que l'Autrechien se propose d'emboîter le pas au Piémont, pour... afin de... enfin, bref, suffit, c'est clair ;... si bien, qu'il faut que nous *partissions* du pied *gauche* pour lui prouver que notre armée est *à droite* et sur un bon pied.

GALICHET. Oui, oui ; j'avons lu ça, et j'avons ben compris qu'il fallait, comme vous dites, partir du pied *droit*, pour prouver que l'Autriche est mal *à gauche*, et sur ses pieds... de guerre, pour voir si notre armée est sur un bon *pied monté*.

BRISETOUT. Jardinier, que tu m'affliges !... Tu es en plein dans la question ; mais tu es à plat ventre sur la *théorie*.

GALICHET. Dam, moi, je n'sommes pas une *pratique* comme vous !

BRISETOUT. Qu'est-ce que c'est ?... Conscrit, mon bibi, vous me donnez soif.

GALICHET. Garçon !... un litre à quatre... et du pus fort !

REFRAIN (*ensemble*) :
  L'Français a toujours soif de gloire,
  Et l'Autrichien, pour nous vesquer,
  S'propos' de nous verser à boire,...

Ensemble (PARLÉ) : *Croisez... ette !...*
  A la victoire
  Allons trinquer!
REPRISE ENSEMBLE.

II.

BRISETOUT.
Tu vas défendre une terre opprimée...
GALICHET.
Mon bon sargent, je ne vous dis pas non.
BRISETOUT.
Dans le bull'tin de notre grande armée
Tu pourras lire et tes noms et prénoms.
Quand on parl'ra d'campagne d'Italie,
Tu pourras dir', montrant ta jamb' de bois :
« Moi, j'en étais ! »

GALICHET.
  Je sais, qu'dans cette vie,
Il faut toujours savoir porter sa croix !

BRISETOUT. Et tu la porteras, car tu feras comme les camarades. A propos, connais-tu l'Italie?

GALICHET. Oui, de réputation... et j'aime beaucoup son fromage.

BRISETOUT. Je vois avec peine, conscrit, que tu n'as des œils... que pour un *fromage*, qui, après tout, n'est pas *fort*; une espèce d'achis fait avec...

GALICHET. Avec quoi?

BRISETOUT (*avec mystère*). Chut!... C'est un secret d'Etat... Il est fait avec de l'Au...

GALICHET. Comment, avec de l'eau?... Je croyais que c'était avec du...

BRISETOUT (*interrompant*). Chut ! pas de personnalités ! — En deux mots, il n'a rien de l'Italie : c'est un fromage d'Autrichien.

GALICHET (*étourdi*). Bah!... Alors, on doit l'envoyer franc de port.

BRISETOUT. Sans doute. Autrement, le *port* il serait trop *salé*. Mais, écoute et profite. — L'Italie, vois-tu, elle a la forme d'une *botte*, et l'Autriche, qui n'a aucune *forme* et se croit *beauté*, voudrait lui procurer des *revers* à l'aide de ses *tyrans*. Mais l'Italie, elle qui ne recule pas d'une *semelle*, s'apprête à lui flanquer sa botte...

GALICHET. Dans l'arrière-garde?

BRISETOUT. Comme tu dis, bibi : dans l'arrière-garde... ou autrement, dans le train de derrière. De sorte que, le Piémontais, qui connaît le numéro matricule de chez nous, il a d'abord, et tout de suite, écrit à madame la France, qui réside en Urople.

GALICHET. En Urople?... C'est pas loin d'ici?

BRISETOUT. Issy?..., non ; c'est près de Vaugirard,... et pas loin de PLAISANCE. (*Comme s'il écrivait dans sa main.*) « Signora,... » Madame la France.... L'Autre
« chien veut nous faire des misères en *bottes*; il a tra-
« versé le *bassin*... non, le TESSIN, et tourne à l'entour
« du Pô. Nous l'avons déjà fait évacuer trois fois, et
« ça sent le gratin. Il avance et recule,... c'est trop fort!
« — Envoyez à notre aide, par le télégriphe électraque,
« vos braves soldats français, afin que nous prouvions,
« de concert, à ces pandours, qu'avec du *macaroni* on
« n'a jamais fait de la *choucroute*. Vive l'Italie ! »

GALICHET. Vive l'Italie !

BRISETOUT. Et la France, conscrit ! (*Galichet agite son chapeau.*) « POSTE SCRIPTUM : Envoyez-nous pas
« mal de zouaves ! » Tu conçois qu'après avoir lu ce poulet-là, la France ne peut pas, pour le plaisir de Pierre, Paul, Jacques ou François, laisser battre l'Italie.

GALICHET. Oh ! si j'oseph !... si j'osais !

BRISETOUT. As-tu pas peur des croates du général *Vieux-laid*, qui vous condamne à mort pour rien en faisant des faux rapports?

GALICHET. Pour rien? Eh ben ! il n'manqueriont plus qu'il se fit payer pour ça !

BRISETOUT. As-tu pas peur aussi de son confrère N-O-NO? ce tyran de quatre sous, que c'est le père foueteur de c'pays-là, même qu'il a z'une poignée de verges en guise d'épée, et qu'il crie : Feu ! en faisant fouetter les femmes.

GALICHET (*indigné*). Oh ! oh !... (*Naïvement,*) Tiens, je voudrions ben voir ça.

BRISETOUT. Fouetter des femmes, entends-tu ? De

pauvres femmes... comme ta mère..., (*autre ton*) et ta sœur !

GALICHET (*sanglotant*). Et c'te pauvre Jacqueline, que j'aime tant, mon Dieu !

BRISETOUT. C'est assez pour te dire, conscrit, que ceux-là qui battent les femmes ne battront jamais des Français.

GALICHET (*électrisé*). C'est vrai ! Ah ben ! v'là qui m'décide ; je marche avec vous. *Par où qu'on passe?* (*Criant.*) Garçon! deux litres à quatre et du pus fort. (AU REFRAIN.)

    L'Français a toujours soif de gloire,
    Et l'Autrichien pour nous vesquer
    S'propos' de nous verser à boire...

(PARLÉ.) *Croisez... ette!*

    A la victoire
    Allons trinquer !

III.

BRISETOUT.
Conscrit, tu vas, pour ton apprentissage,
Porter secours au pays des beaux-arts ;
Et, tu verras, comme sur ton passage,
On bénira nos nobles étendards.
GALICHET.
A l'Autrichien, j'vas donc porter des bottes?
Moi, que j'étions la fleur des jardiniers...
BRISETOUT.
Ça te prouv'ra qu'en semant des carottes,
On peut tout d'mêm' récolter des lauriers !

GALICHET. Ah ben, oui ! des lauriers, c'est ben rare ! Mais l'voisin, il en a plein son jardin... En voulez-vous ? j'vas vous en chercher.

BRISETOUT. Justement. mon fi... c'est chez le voisin qu'il s'agit d'en aller cueillir.

GALICHET. Oui; mais, s'ils passent le Pô ?

BRISETOUT. Oh! ils ont déjà essayé ; mais, ils ont beau faire des ponts sur le Pô... des travaux de défense sur le Pô... des ouvrages de dépenses sur le Pô...

GALICHET. Je vois que ces coquins-là font tout sur le Pô, mais ne peuvent y mettre le pied.

BRISETOUT. T'as la main dessus. Ils ne font que de la moutarde pour faire z'éternuer le canon... (*Eternuant.*) Apchitt!

GALICHET. Dieu vous bénisse, sargent!... Bouom! On va se moucher.

BRISETOUT. Et dardare! et nous allons tous grandir d'une ou plusieurs coudées.

GALICHET. Alors, j'vas vendre tous mes vieux habits.

BRISETOUT. Il n'est que temps. — L'Italie, vois-tu, c'est le pays des *grands hommes* : — L'ange RAPHAEL et MICHEL-archANGE, que c'étaient des amours pour la peinture ; — CÉSAR, qui n'a fait que des grands enfants, même qu'il y a eu les douze CÉSARS ; — LE TASSE et les *demi-tasse*, qui ne faisaient que des *petits vers*... — et GALILÉE, qui faisait tourner la terre... — et mossieu PLUTARQUE !

GALICHET. Mossieu Plutarque?... drôle de nom.

BRISETOUT. Oui ; c'est un sacré nom... de nom ! mais, on le lui a donné, parce qu'il est venu PLUS TARD QUE... les autres ; histoire d'écrire leur histoire ! Et Brutus,... et Romulus, Gracchus, *Bacchus* ; enfin, un tas de *philosophes en us*, dont les noms ne doivent pas être *souillés*.

GALICHET. C'est *jusse*.

BRISETOUT. Puis, en outre de tout ça, tu boiras, à Rome, des petits verres du *premier rhum* du monde.

GALICHET. Comment? — Le père ADAM vendait donc la goutte?

BRISETOUT. Du tout. — Ne pas confondre non plus, avec le marchand de *brosses*... ADAM. Je te dis, que c'est à ROME, que l'on boit du *rhum* aussi vieux que *Rome*..., que c'est la ville éternelle.

GALICHET. On peut lui donner *mille ans*?

BRISETOUT. Sans *gêne*.

GALICHET. Alors, c'est du *rhum antique*?

BRISETOUT. Très-antique... et il est authentique, que c'est un vrai nectar, puisqu'on l'appelle toujours l'*arôme des Césars*. Mais, revenons à la question. — Afin que tu sois à la hauteur de ta mission, et pour t'insuffler de l'émulation, je vais te résumer l'affaire.

GALICHET. Je vous prête mes oreilles... ne tirez point trop fort !

BRISETOUT. Je suppose que tu es Italien ; tu as un grand et beau jardin ; tu vis heureux et ne demandes que la tranquillité.

GALICHET. Que la tranquillité... Après ?

BRISETOUT (*vivement*). Chut ! virgule, conscrit ! — Mais, tu as un Autrechien de voisin qui t'a déjà, en volant tes papas, chipé une portion de ton héritage.

GALICHET. Oh ! si j'en étais sûr !

BRISETOUT (*vivement*). Bouge pas ! — Cet Autrechien de voisin ne trouve pas sa cambuse assez *carrée* par un *bout*, et te veut prendre d'AUTOR une part de ton jardin, histoire de *s'arrondir*. Qu'est-ce que tu dirais ?

GALICHET. Dam ! je dirions... je dirions : V'là n'un coquin qui jette des pierres dans mon jardin ; ça n'est ben sûr pas pour des *prunes !*

BRISETOUT. Chut !... Les *prunes* viendront tout-à-l'heure.

GALICHET. Eh ben ! je me mettrions sur mes pieds de défense, donc ; j'irions cheu le zuge de paix.

BRISETOUT. Allons, paix, nigaud ! — Et si il envoyait chez toi des régiments d'architectes, des bataillons de maçons, des escadrons de manœuvres, et un tas de goujats autrichiens qui ont toujours faim et soif, pour te prendre tes choux, tes navets, tes carottes, tes raves et autres légumes... et que, non contents de tout ça, ils t'empruntent encore du pain, du vin, de la viande et des pièces de quat' sous pour boire la goutte et fumer leurs pipes,... qu'est-ce que tu ferais ?... Voilà la question !

GALICHET (*avec explosion*). Où qu'est ma bêche ?

BRISETOUT. Il ne s'agit pas de *bêcher*, mais de se *piocher* et de répondre à l'*appel*.

GALICHET (*de même*). V'oùs' qu'est ma pioche ?

BRISETOUT. Ah ! ah ! nous y voilà. — Tiens, supposons autre chose : je suis le Français ; toi, tu es l'Autrichien.

GALICHET (*se récriant*). C'est pas vrai !

BRISETOUT. Mais, c'est une supposition. — Tu es l'Autrichien.

GALICHET (*furieux*). C'est pas vrai !... V'oùs qu'est ma bêche ? (*Il lève la main sur Brisetout.*)

BRISETOUT (*l'arrêtant*). Arrête, malheureux! tu vas tuer le père de tes enfants! — Mais, que'qu't'as, *corbleu*, dans les pattes, *morbleu*, que tu te décarcasses comme ça, donc, *ventrebleu?*

GALICHET. J'ai..., j'ai sacrebleu, que j'voulons point être l'Autrechien.

BRISETOUT. Ce *fait z'et geste* t'honore, d'autant plus que si tu étais Autrichien.

GALICHET. Si j'étais Autrechien?...

BRISETOUT. Tu ne l'aurais risqué qu'ayant cinq ou six croates à tes côtés, et c'est autant qu'il en faut pour me faire broncher.

GALICHET. Vous avez raison, sargent; il en faut une *douzaine* pour nous deux!

BRISETOUT. C'est bien, conscrit; et comme nous allons les *frotter* proprement, il s'agit d'aller faire un bout de toilette.

GALICHET. A propos, y a-t-il du cirage là-bas?

BRISETOUT. A Vienne? il n'y a que de ça. C'est comme s'il faisait froid; il y a aussi des fagots, et les *bûches* ne manquent pas en Autriche, attendu que l'Autrichien est un peuple enjoué z'et frileux qu'il va souvent *au bois.*

GALICHET. Oui; mais, espérons qu'il y fera chaud.

BRISETOUT. Il y fera très-chaud; j'en sue d'avance. Tiens! on a déjà pris Montebello, Palestro et Magenta sans nous... Il ne nous reste qu'à nous pendre.

GALICHET (*effrayé*). Garçon, servez trois litres à quatre... et du pus fort.

REFRAIN (*ensemble, en marchant au pas*) :

L'Français a toujours soif de gloire;
Et l'Autrichien, pour nous vesquer,
S'propos' de nous verser à boire.

(PARLÉ.) *Croisez... elle!*

A la victoire
Allons trinquer!

REPRISE.

JULES CHOUX.

LES BELLES D'ITALIE

CHANT DE RECONNAISSANCE.

Air : *Et le cœur à la danse.*

Voyez-vous ces nobles drapeaux,
   Se joindre à nos bannières ?
C'est un grand peuple de héros,
   Qui vient rendre nos frères
   Libres et victorieux,
En combattant auprès d'eux !
    Filles de l'Italie
    Jetons mes sœurs,
    Jetons des fleurs ;
    Vive notre Patrie,
    Gloire à ses défenseurs !

Subissant un joug odieux,
   Notre belle Italie,
Tremblait, rêvant des jours heureux,
   Devant la tyrannie
Mais nos malheurs vont finir :
Nous voulons vaincre ou mourir !
    Filles de l'Italie, etc.

Les grenadiers de l'Empereur
   Seront de la partie,
Et ses cavaliers pleins d'ardeur,
   Qu'un même cri rallie
Aux zouaves, qui, souvent,
N'attendent pas : *En avant !*
    Filles de l'Italie, etc.

Vaillants Sardes et Piémontais,
    Le Pays vous contemple,
Et, l'élan des soldats Français,
    Vous servira d'exemple.
Dieu, que nous prierons pour vous,
Dirigera tous vos coups.
    Filles de l'Italie, etc.

Déjà trois fois nos fils vainqueurs,
    Près des enfants de France,
Ont fait retentir dans nos cœurs,
    Le cri d'indépendance !
Hardi !.. Soldats glorieux,
Revenez victorieux !
    Filles de l'Italie, etc.

Les oppresseurs seront punis,
    Par vos troupes altières ;
Braves Français soyez bénis
    De nos sœurs et nos mères.
Nous aurons avec fierté,
Grâce à vous, la liberté !
    Filles de l'Italie,
    Jetons mes sœurs,
    Jetons des fleurs ;
    Vive notre patrie...
    Gloire à ses défenseurs.

JULES CHOUX.

VAINCRE ou MOURIR
POUR LA PATRIE.

Air : *des Coquilles.*

Le canon tonne, tu l'entends,
C'est la voix de la France en larmes ;
Je la servis pendant trente ans,
A ton tour à prendre les armes.
Je te transmets avec l'honneur
Ces mots que tout bon Français crie,
Quand le sort trahit sa valeur :
Vaincre ou mourir pour la patrie.

Comme ton père, sois soldat,
Méprise une sanglante gloire ;
Sois terrible dans le combat,
Sois humain après la victoire.
On ne doit se souiller jamais
Par le pillage ou l'incendie,
Lorsque l'on veut, en bon Français,
Vaincre ou mourir pour la patrie.

Au sein des palais embrasés,
Songe à ta sœur, à ton amante ;
Qu'à ces noms, tes sens maîtrisés
Respectent la vierge tremblante.
Si tu franchissais ce rempart,
Dis-moi si ta bouche flétrie
Oserait dire avec Bayard :
Vaincre ou mourir pour la patrie.

Quand tu verras sous les drapeaux
Ces guerriers sans peur et sans tache,
Dont les vents septentrionaux
Ont blanchi la brune moustache ;
Admire de ces anciens preux
Les rides, la mâle énergie :
Sois fier de pouvoir avec eux
Vaincre ou mourir pour la patrie.

Pour te prouver que le soldat
Peut s'illustrer par son courage,
Au rang des premiers de l'État,
Vois briller les preux de notre âge.
Rappelle-toi que ces héros,
En Egypte, en Prusse, en Russie,
Pour devise avaient pris ces mots :
Vaincre ou mourir pour la patrie.

Si, malgré vos exploits vainqueurs,
Un jour l'inconstante Bellone
Vous accablait de ses rigueurs,
Souviens-toi du mot de Cambronne.
Donne une larme à ton drapeau,
Un soupir à ta douce amie,
Et répète jusqu'au tombeau :
Vaincre ou mourir pour la patrie.

Paris, A. HURÉ, éditeur et seul propriétaire,
rue Dauphine, 44, près le Pont-Neuf.

*Tout exemplaire non revêtu du timbre de l'éditeur
sera poursuivi comme contrefaçon.*

Paris. — Typ. CHAUMONT et COPIN, 6, rue Saint-Spire.

LA TANTE MARGUERITE.

CHANSONNETTE.
Paroles de Sylvain BLOT.

Ma vieille tante Marguerite,
Qui touche à ses quatre-vingts ans,
Me dit toujours : « Pauvre petite,
« Craignez les propos séduisans !
« Fillette doit fuir au plus vite,
« Quand un garçon lui fait la cour. »
Ah! vieille tante Marguerite,
Vous n'entendez rien à l'amour.   (bis.)

Eh! quoi, lorsque dans la prairie,
On me dira, bien poliment,
Que je suis aimable et jolie,
Faudrait-il me fâcher vraiment?
Un beau berger, si je l'irrite,
Prendrait de l'humeur à son tour.
Ah! vieille tante, etc.

Toutes les filles de mon âge,
En cachette écoutent déjà
Des garçons le tendre langage ;
Je ne vois pas grand mal à ça.
Ma tante veut qu'on les évite,
Moi je répondrai chaque jour :
Ah! vieille tante, etc.

Et l'innocente, un soir seulette,
Fit la rencontre de Colin,
Qui d'abord lui conta fleurette,
Puis l'égara de son chemin ;
Si bien que la pauvre petite,
N'osait plus dire à son retour :
Ah! vieille tante, etc.

Album du Gai Chanteur.   *11ᵉ livraison.*

C'EST LE BON VIN

CHANSON BACHIQUE.

De tous les biens qu'ici-bas l'on nous vante,
Savez-vous bien celui qui nous enchante ?
C'est le bon vin.
C'est cette liqueur charmante,
C'est le bon vin qui nous enchante.
C'est, c'est, c'est le bon vin,
C'est le bon vin qui nous met tous en train.

Quand deux amis se sont mis en ribotte,
Savez-vous bien ce qui les ravigotte?
C'est le bon vin.
C'est de ce jus de la treille,
C'est le bon vin qui les réveille,
C'est, c'est, c'est le bon vin,
C'est le bon vin qui nous met tous en train.

Quand deux amis se sont pris de querelle,
Savez-vous bien ce qui vous les rappelle?
C'est le bon vin.
C'est cette liqueur si chérie,
C'est le vin qui les rapatrie.
C'est, c'est, c'est le bon vin,
C'est le bon vin qui nous met tous en train.

Si votre iris est un peu trop volage,
Savez-vous bien ce qui vous en dégage ?
C'est le bon vin.
C'est cet excellent breuvage,
C'est le bon vin qui nous en dégage.
C'est, c'est, c'est le bon vin,
C'est le bon vin qui nous met tous en train.

Un cordelier de sa voix fait parure,
Savez-vous bien ce qui la lui procure?
  C'est le bon vin.
 C'est cette liqueur si pure,
 Et qui ranime la nature.
 C'est, c'est, c'est le bon vin,
C'est le bon vin qui nous met tous en train.

Lorsqu'un prêtre s'en va dire sa messe,
Savez-vous bien là ce qui l'intéresse?
  C'est le bon vin.
 C'est la liqueur enchanteresse,
 C'est le bon vin qui l'intéresse.
 C'est, c'est, c'est le bon vin,
C'est le bon vin qui nous met tous en train.

Ces six couplets que je viens de vous dire,
Savez-vous bien ce qui me les inspire?
  C'est le bon vin.
 C'est ce divin élixir,
 C'est le bon vin qui me les inspire.
 C'est, c'est, c'est le bon vin,
C'est le bon vin qui nous met tous en train.

Si vous trouvez ma chanson un peu bonne,
Savez-vous bien ce qu'il faut qu'on me donne?
  C'est du bon vin.
 C'est ce divin jus d'automne,
 Toujours le meilleur de la tonne.
 C'est, c'est, c'est du bon vin,
C'est du bon vin qui nous met tous en train.

UNE BAIGNADE
AUX DEUX LIONS.

Paroles de AMÉDÉE DUVAL.

Air : *Ça vous coup' la gueule à quinze pas.*

L'aut' dimanch' matin, j'roupillais comm' un picu,
La chaleur était étouffante,
Lorsqu'un bruit m'réveill' ; — c'est mon ami Geigneu,
Qui, d'une voix retentissante,
Sous ma fenêt' s'met à crier :
Ohé ! — Panard, lâch' donc ton oreiller.
Habill'-toi vit', prends ton caleçon,
Et viens nous baigner aux Deux Lions.

Au fait, ma futur' demeure à Charenton ;
J'irai la voir en sortant d' l'onde,
Que j'dis. — Ça m'décide, — aussitôt nous filons.
Dieu de Dieu ! y avait-y du monde.
Tout ça grouillait, gesticulait ;
L'un se frottait, l'autre se savonnait.
J'vois les puc's sauter sur l' gazon ;
Ça m' dégoutt' un peu des Deux Lions.

Je m'risque à la fin ; mais, à pein' dans l'bouillon,
Un moutard s'met à boire un' goutte.
Il allong' le bras, m'saisit par un ail'ron,
Et crac, me fait suiv' la mêm' route.

On me r'pêch' comm' j'allais m'noyer,
Et j'sens quèqu' chose qui m'chatouille l'gosier.
C'que j'crach' n'a pas l'air d'un goujon :
On prend d'drôl's de prun' aux Deux Lions.

J'étais sur la berg', rattachant mon cal'çon,
Quand v'là qu' j'aperçois ma future
Avec sa famille, et qu' dans mon émotion,
Je l'lache pour cacher ma figure.
La fill' rougit, baisse les yeux,
Et l'pèr' me cri', d'un air tout furieux :
Si tu r'mets l'pied dans la maison,
J't'enverrai baigner aux Deux Lions.

J'aval' mon affront, et j'vas pour m'habiller,
Mais ma ch'mis' n'est plus sur la rive ;
J'la cherchais en vain, lorsqu'un de mes souliers
Glisse, à son tour, dans la lessive.
De plus, j'attrap' un coup d'soleil.
Au diabl' Geigneu qu'a troublé mon sommeil.
J'manque de m'noyer, j'rat' mon union :
J'nirai pus m'baigner aux Deux Lions.

RONDE BACHIQUE.

Air : *De la Chanson de Valentin* (Diane de Lys).

Disciples du vieux Grégoire,
Le plaisir, dans ce banquet,
Nous a rassemblés pour boire :
A lui le premier bouquet.
(Parlé.) *Gais lurons !* — Présents !

Trinquons et buvons sans cesse ;
Faisons sauter les bouchons !
Ah ! ah ! gais lurons,
Le bonheur est dans l'ivresse ;
Trinquons, gais lurons,
Et buvons, buvons, buvons !

Dans le vin, est la sagesse ;
Pour l'éprouver, grisons-nous,
Mes amis ; car, dans l'ivresse,
Les sages, sont les plus fous.
(Parlé.) *Gais lurons !* — Présents ! etc.

Quand on est triste et morose,
Le vin a plus d'un pouvoir ;
Veut-on voir la vie en rose ?
Il suffit d'un goulot noir.
(Parlé.) *Gais lurons !* — Présents ! etc.

Puisqu'en un vin salutaire,
Le bonheur se met parfois,
Croyant l'avoir dans mon verre,
Je lui souris et... je bois !
(Parlé.) *Gais lurons !* — Présents ! etc.

Puisque les plus douces choses,
Las ! ne durent qu'un matin :
Aimons les femmes, les roses,
Et partageons leur destin.
(Parlé.) *Gais lurons !* — Présents, etc.

JULES CHOUX.

LA
MANIÈRE DE S'EN SERVIR.

Air : *Les Anguilles, les jeunes filles.*

Les hommes gaspillent leur vie
Et ne recherchent que tourments;
L'ambition, l'orgueil, l'envie,
Absorbent leurs meilleurs moments.
Nos parents, pleins d'expérience,
Devraient sans trop nous asservir,
Nous donner avec l'existence
La manière de s'en servir.

Des chanteurs se disant artistes
Mâchent les mots entre leurs dents;
Je ne sais s'ils sont gais ou tristes,
Car jamais je ne les comprends.
Je tends les ressorts de mon ouïe,
Impossible de rien saisir :
C'n'est pas la chanson qui m'ennuie,
C'est la manièr' de s'en servir.

Un buveur que l'ivresse berce,
Lorsqu'il a trop bu de cognac,
Au coin d'une borne renverse
La cruche de son estomac.
De ce poison, dont il abuse,
Son moral doit un jour souffrir :
C' n'est pas la liqueur que j'accuse,
C'est la manièr' de s'en servir.

Le commerce me semble étrange,
S'il rapporte deux cents pour cent;
Ce n'est plus un loyal échange
Entre ouvrier et commerçant.
Les grands frais, sur chaque pratique,
Forcent le lucre à s'assouvir :
C' n'est pas l' commerc' que je critique,
C'est la manièr' de s'en servir.

L'homme dit la femme méchante,
La femme dit l'homme méchant ;
L'homme veut la femme constante,
La femme veut l'homme constant.
Contre la femme qui bougonne,
L'homme parfois aime à sévir :
Est-c' la femme qui n'est pas bonne,
Ou la manièr' de s'en servir ?

Le revolver que l'on renomme,
Chez nous veut se perpétuer;
Il faut trente ans pour faire un homme,
Un seul moment pour le tuer.
Par le fusil, tout nous l'atteste,
Le gibier seul devrait mourir :
C' n'est pas l'arme que je déteste,
C'est la manièr' de s'en servir.

GUSTAVE LEROY.

LE
CHANT DE GÉRARD

LE TUEUR DE LIONS.

Air : *Du retour en France.*

(*Caressant sa carabine.*)
« Je t'aime bien, ma fidèle compagne,
« Je t'aime mieux que l'or de la Kasba.
« Allons! allons! encore une campagne,
« Attendons l'heure où le lion viendra.
(*Il se met en embuscade.*)
Hier, il a, dans la ferme voisine,
 Mangé deux bœufs... c'est un rude causeur!
« Quand il viendra, ma bonne carabine,
« Fais ton devoir... frappons, frappons au cœur!

« Le vieux lion tarde bien à paraître!
« Ignore-t-il que je fais faction?
« Peut-être il craint de rencontrer son maître :
« Lion qui tremble est un mauvais lion.
« Lui, trembler! non, si j'en juge à sa mine,
« Jamais, jamais il n'a connu la peur.
« Quand il viendra, ma bonne carabine,
« Fais ton devoir... frappons, frappons au cœur!

« Ah! cette fois, le voici qui s'avance,
« L'oreille au guet et la crinière au vent ;
« Nous allons donc nous trouver en présence.
« Sire, avancez au mot de ralliement!
« Je crois qu'il sent la poudre et nous devine;
« Mais il prétend nous montrer sa valeur.
« Voici l'instant, ma bonne carabine,
« Fais ton devoir... frappons, frappons au cœur!

D'une main sûre il presse la détente ;
L'arme fidèle a rempli son devoir :
Le lion tombe, et la terre sanglante,
Atteint au cœur, vient de le recevoir.
Il bat le sol de sa robuste échine,
Fait un effort, le dernier... puis il meurt.
« Honneur à toi, ma bonne carabine,
« Honneur à toi! tu l'as atteint au cœur!

Entendez-vous cette clameur bruyante,
Signal joyeux qui vient de tout côté !
Le vieux lion qui jetait l'épouvante,
Sur un brancard en triomphe est porté !
Devant Gérard chaque Arabe s'incline;
Reconnaissant, il bénit le chasseur.
« Gloire à Gérard, sa bonne carabine
« Frappe toujours... frappe toujours au cœur! »

LA ROMANCE
DU
MASQUE DE FER.

AIR : *De mes Vingt ans.*

Adieu, soleil! beau soleil de la France,
Dont j'aimais tant les rayons purs et doux !
De te revoir je n'ai plus d'espérance,
Une barrière est placée entre nous !
Tu vas dorer nos campagnes si belles,
Ta main répand des fleurs sur l'univers.
Volez au ciel, joyeuses hirondelles,
Moi je dois vivre et mourir dans les fers !

O liberté ! charme de la nature,
Seul, je serai privé de tes bienfaits !
Le long des prés si le ruisseau murmure,
C'est qu'il est libre et peut couler en paix.
Pour mieux courir il semble avoir des ailes,
C'est un ami qui sourit à nos vers !
Volez au ciel, joyeuses hirondelles,
Moi, je dois vivre et mourir dans les fers.

Petits oiseaux, qui peuplez le bocage,
De l'oiseleur évitez les filets ;
On ne sait plus chanter dans une cage :
La cage, hélas! ne se rouvre jamais !
Caressez-vous, charmantes tourterelles,
L'amour, voilà le plus doux des concerts !
Volez au ciel, joyeuses hirondelles.
Toi, souffre et meurs, pauvre masque de fer.

Ne suis-je pas le captif dont les chaînes,
Jamais, mon Dieu !... jamais ne se rompront ?
Le cœur de l'homme a d'implacables haines.
Grâce !... un peu d'air... un peu d'air à mon front !
Épargnez-moi ces tortures cruelles !
Oh ! le damné souffre moins aux enfers !
Volez au ciel, joyeuses hirondelles,
Moi, je dois vivre et mourir dans les fers !

Pauvre captif, au ciel fais ta prière,
A tes destins, allons, résigne-toi !
Gardez, mon roi, votre grande colère,
Dieu seul est bon : en Dieu seul ayons foi !
Pas un ami... partout des sentinelles,
Et puis là-bas, premier géôlier, la mer !
Volez au ciel, heureuses hirondelles,
Toi, souffre et meurs, pauvre masque de fer !

L. DE CHAUMONT.

MAISON SPÉCIALE

A. HURÉ,

LIBRAIRE-ÉDITEUR,

RUE DAUPHINE, 44, PRÈS LE PONT-NEUF.

On trouve dans cette Maison tout ce qui existe de Musique, Chant, et Airs d'Opéra, publiés en petit format, à 20, 25, 40, 50 et 60 centimes, ainsi que le Catalogue de ces diverses publications. (ÉCRIRE FRANCO.)

Tout exemplaire non revêtu du timbre de l'éditeur sera poursuivi comme contrefaçon.

Paris. — Typ. CHAUMONT et COPIN, 6, rue Saint-Spire.

LE NEZ,

RONDEAU.

Paroles de Joseph ÉVRARD.

La Musique se trouve chez A. HURÉ, libraire-éditeur, à Paris, rue du Petit-Carreau, 14.

AIR : *des Comédiens*, ou *du Sou*.

Observateur de plus d'une binette,
Je viens, sans être un Lavater, un Gall,
Du genre humain tracer la silhouette,
Par le nez seul, — c'est plus original.

—

Oui, rien qu'au nez, l'on peut juger les hommes ;
Vous souriez, vous, qui l'avez moqueur ?
Sachez-le bien, dans le siècle où nous sommes,
Un nez adroit sert mieux qu'un noble cœur.

Le nez moyen, dit : amour de soi-même,
Indifférence et quelquefois orgueil ;
Les nez mutins, ma foi, sont ceux que j'aime,
Presque toujours, ils m'ont donné dans l'œil.

Le nez au vent, quand la province admire
Dans ce Paris les merveilles de l'art,
C'est un aimant dont la puissance attire
La main qui fait la montre ou le foulard.

Un nez petit peut paraître agréable,
S'il est petit, mais si petit que rien ;
Lise prétend qu'un grand nez rend aimable,
Et qu'un nez droit ça fait toujours très-bien.

Du tourlourou, la bobonne gentille,
Pour le charmer, porte un nez épaté ;
Chez les frontins, plus d'une bonne fille,
Au nez camard emprunte sa bonté.

Album du Gai chanteur.   12e liv.

Un nez qui rend cruel, anthropophage,
Le croiriez-vous? Eh bien! c'est un nez rond.
Ah! puissiez-vous, messieurs, pour votre usage,
N'avoir jamais le nez qu'avait Néron,

Quand je le vois au théâtre, à la ville,
Rien qu'à son nez, je reconnais Grassot;
Pour bien porter un pareil ustensile,
Heureusement qu'il n'est ni gras, ni sot.

Le nez sondeur du triste pique-assiettes,
Toujours se montre à l'heure des repas;
Le nez d'ivrogne, à rubis, à facettes,
On l'a chanté, je n'en reparle pas.

Du créancier, lorsque le nez s'allonge,
L'on sait pourquoi... Visiteur exigeant,
Tel qu'un vieux brave invalide, j'y songe,
Voudrait-il pas qu'on ait un nez d'argent?

Soit faible ou fort, l'homme, dont l'âme est prise,
Voit en amour ses pouvoirs détrônés;
Pour que la femme à son gré nous conduise,
Dieu, je le crois, nous fit le bout du nez.

N'en point avoir, serait par trop étrange;
Mais, que de fois l'on se dit néanmoins,
Lorsque l'on sent les voitures Domange:
Que je voudrais avoir le nez en moins!

Quand sur le nez roule ma chansonnette,
Pour plaire au mien, je vais de très grand cœur,
Prendre une prise, et, sur ce, je m'arrête,
Et suis, messieurs, votre humble serviteur.

—

Observateur de plus d'une binette,
Je viens, sans être un Lavater, un Gall,
Du genre humain tracer la silhouette,
Par le nez seul, — c'est plus original.

LES BOUTONS ET LES FLEURS

ROMANCE.

Paroles de HIPPOLYTE GUÉRIN, musique de LUIGI BORDÈSE.

La Musique se trouve chez **A. HURÉ**, libraire-éditeur, à Paris, rue du Petit-Carreau, 14.

Oh! que la plaine sera belle,
Au mois des fruits et des moissons ;
Car pour l'été, s'écriait-elle,
Jugez des fleurs par les boutons.
Oui, bien, s'ils tiennent leurs promesses,
Crédule enfant, dit le vieillard ;
Mais écoutez, ce que plus tard,
Appréciera votre jeunesse !

    Le bouton, mon petit cœur,
    Frêle espoir souvent trompeur,
    Le bouton, mon petit cœur,
  N'est pas la fleur, n'est pas la fleur!

Avec l'orage aux cieux immenses,
Vous flattez-vous d'avoir compté?
Qui sait ce qu'il faut d'apparences,
Pour faire une réalité ?
Sur ce sentier, où marche l'homme,
Que de voyages sans retour,
Oui! rêve et rêve, au jour le jour,
Telle est la vie, et voilà comme...
    Le bouton, etc.

Vous même, hélas! ô jeune fille !
N'est-ce pas là votre destin?
La mienne aussi brillait gentille,
Dans la fraîcheur de son matin !
Puis vint le temps, lui, qui dévore,
Et vous voyez, seul, aujourd'hui,
Le pauvre pâtre sans appui,
Ne peut que vous redire encore :
    Le bouton, etc.

ÉCOUTE, ÉCOUTE,

Tyrolienne

Chantée dans le Vaudeville Les Mauvaises Têtes.

Air : *Adèle, Adèle, etc.*

Écoute, écoute, écoute, écoute,
Quand on est bien amoureux ;
Écoute, écoute, écoute, écoute,
Un secret pour être heureux.
    Jamais entre nous
    De transports jaloux,
    De soupçons fâcheux,
    De coupables vœux.
Écoute, écoute, écoute, écoute,
C'est le moyen d'être heureux.

Quand de l'amour la douce sympathie,
Vient, pour toujours, enflammer notre cœur
C'est l'amitié, charmante Sidonie,
Qui nous conduit au chemin du bonheur.
    Écoute, écoute, etc.

Combien d'époux. ennuyés de la vie,
Ne savent pas en embellir le cours.
Ornons de fleurs la chaîne qui nous lie,
Et tous les jours seront encor trop courts.
    Écoute, écoute, etc.

Partageons tout, le plaisir et la peine,
Le bien, le mal, tout doit être commun ;
En quelqu'endroit que le destin nous mène,
Que nos deux cœurs jamais n'en fassent qu'un.
    Écoute, écoute, etc.

PRIÈRE D'UNE JEUNE FILLE.
ROMANCE.
Paroles de GUSTAVE LEMOINE, Musique de LOÏSA PUGET.

La Musique se trouve chez A. HUSSE?, libraire-éditeur, à Paris, rue du Petit-Carreau, 14.

Pourquoi donc, ô sainte Mère,
Quand je t'ai donné mon cœur,
Refuser à ma prière,
Ton regard plein de douceur?

    De ton aîle blanche,
    Ton doux Jésus penche
    Vers moi ses yeux bleus;
    Mais toi, Vierge pure,
    Toujours ta figure
    Regarde les Cieux.
Pourquoi, etc.

    Depuis mon jeune âge,
    A toi mon hommage,
    A toi mon amour:
    Toujours ma prière
    Monte la première
    Vers toi, chaque jour.
Pourquoi, etc.

    La nuit, dans mes rêves,
    Souvent tu te lèves
    Radieuse à voir;
    Mais, jamais si belle,
    Qu'en mon cœur fidèle,
    Ce brûlant miroir.
Pourquoi, etc.

SI LE VIN
COULAIT DANS LA SEINE,
CHANSON BACHIQUE.

AIR : *Célébrons, célébrons.*
ou *Chantons, chantons.*

Si le vin, si le vin coulait dans la Seine,
Combien on verrait d'ivrognes fuir le cabaret ;
Chacun d'eux, chacun d'eux pour calmer sa peine,
Boirait à longs traits de ce doux jus à peu de frais.

Des sources de la Bourgogne,
Humectons-nous, mes amis ;
C'est la plus noble besogne,
La meilleure, à mon avis.
Comme nous disaient nos pères :
N'ayez jamais de chagrin,
Si vides sont vos verres,
Remplissez-les de vin.   Si le vin, etc.

Combien on verrait se pendre
De maîtres cabaretiers,
Et combien on verrait vendre
De beaux fonds de tonneliers.
Avec de vieilles futailles
On se ferait des bateaux,
Pour faire des ripailles
En voguant sur les eaux.   Si le vin, etc.

Hélas ! que Dieu nous exempte
D'un aussi fatal malheur :
On en verrait plus de trente
Noyés dans cette liqueur.
Oh ! quelle douleur profonde
Causerait ce changement :
Bientôt la fin du monde
Viendrait assurément.   Si le vin, etc.

Il n'est pas fort nécessaire
Pour le bien du genre humain,
Que notre grande rivière
Au lieu d'eau coule du vin.
Remplissons toujours nos verres
De ce que nous possédons,
Et jamais trop sévères.
Ensemble répétons :   Si le vin, etc.

HÉLOÏSE ET ABEILARD,

LAMENTATIONS POSTHUMES.

Paroles de Marc CONSTANTIN,
Musique de Ludovic MAITHUAT.

La Musique se trouve chez **A. HURÉ**, libraire-éditeur, à Paris, rue du Petit-Carreau, 14.

Air : *du Petit Lapin.....*

Oyez c't' histoir' des plus touchant's :
Dans Paris, la grand' ville, était
Un' p'tit' brunett' des plus ay'nant's,
De dix-huit ans et pas d'corset,
  Fraîch' comme un' rose
  A peine éclose ;
On la nommait Héloïs' tout bonn'ment.
  Bonn' ménagère,
  Ell' savait faire
Cuir' une om'lette et cirer proprement.
De tout's les fill's la plus futée,
Dans l'quartier chacun la flattait ;
Bref, pour ses attraits, elle était,
Dans la Cité, citée ; dans la Cité, citée. (*bis.*)

Dans un' mansard', tout près d'chez elle,
Vivait un professeur d'latin ;
V'là qu'un beau jour, il r'luqu' la belle,
A fair' rougir un Auvergnat !

  La p'tit' s'enflamme,
  Veut êtr' sa femme,
Et le propose à Monsieur son papa ;
  J'veux qu'il m'apprenne
  Et qu'il me prenne
Pour écolière ; on dira c'qu'on voudra !
Malgré les paternell's harangues,
Elle fit son éducation,
Apprit la multiplication,
Et sut tout's sort's de langues !   (*bis.*)

Son oncl' Fulbert, un dur à cuire,
Qu'était charcutier d'son état,
D'vint amoureux, histoir' de rire,
De mam' sa niéc' qui n'l'aimait pas !
  Comme un vrai tigre,
  Bigre de bigre !
Fulbert jaloux, transporté de fureur,
  Décroch' son hache,
  Prend son eustache,
Et veut occir le galant professeur !
Mais, l'vieux grigou, que rien n'arrête,
Pendant qu'il dort, pince Abeilard,
Et d'un seul coup de son tranch'lard,
Il n'lui tranch' pas la tête !   (*bis.*)

Vexé comme il n'est pas possible
De ce procédé sans façon,
Héloïse, dit-il, impossible
De continuer tous deux nos l'çons !
  Adieu, ma belle,
  J'te s'rai fidèle,

J'veux êtr' pendu si c'n'est la vérité
    Mais, je t'exhorte
    A faire en sorte
De me tenir pareill' fidélité!
Ell' le promit, la pauv' p'tit' niaise!
Et n'voulant pas se fair' de trait,
L'une s'enterre au Paraclet,
Et l'autre au Pèr' Lachaise !   (bis.)

Or, la moralité d'la chose,
Mesdam's, ceci s'adresse à vous :
C'est qu'ici bas tout n'est pas rose
Quand vous r'doutez quéqu' vieux jaloux !
    D'êtr' trop savante,
    Que rien n'vous tente,
Pour fair' la soupe, d'ailleurs, à quoiqu' ça sert.
    Dans vot' ménage,
    Je vous engage,
A fuir votre oncl', s'il ressemble à Fulbert.
Enfin, sur vous, pour qu'on n' médise,
Et pour éviter les tracas,
Sitôt qu' votr' homme a sauté l'pas,
Faites comme Héloïse !   (bis.)

JEAN-BÊTE.

Air : *Ah! J'suis t'y pochard!*

Quand Jean-Bête vint au monde,
   Il était tout nu ;
D'une manière féconde,
   Il fut revêtu.
Et puis, des pieds à la tête,
   On l'emmaillota :
Combien d'gens depuis Jean-Bête
   Sont r'vêtus comm' ça!

Pendant une année entière,
   Ce pauvre petit,
Du lait du sein de sa mère
   On l'avait nourri.
D'la bouillie à pleine assiette
   On lui empâta :
Combien d'gens depuis Jean-Bête
   Sont nourris comm' ça!

Jean-Bête allait à l'école ;
   Il n'apprenait rien ;
Et sa mère qu'était folle,
   Dit qu'il faisait bien.
Rien n'entra dedans sa tête,
   Tout il oublia :
Combien d'gens depuis Jean-Bête
   Sont instruits comm' ça !

A Jean-Bête, il prit envie
   De se marier
Avec femm' la plus jolie
   Qu'il ait pu trouver.
Et depuis lors, sur la tête,
   Il lui en poussa :
Combien d'gens depuis Jean-Bête
   Sont coiffés comm' ça!

Au bout d'six mois d'mariage,
   Sa femme accoucha,
Et lui content comm' un sage
   D'être app'lé papa.
Plus souvent qu'les jours de fête,
   Il nous arriv'ra,
Qu'bien des gens avec Jean-Bête
   S'ront pères comm' ça!

V'LA L'TORT QUE T'AS,

CONSEILS
de Maçon à Maçon.

Air: *Ça n'me gêne pas*, ou *Mariez-vous donc!*

Boursicot, y faut que j' te l'dise :
Tous les maçons du Limousin,
Dis'nt que tu manques de franchise,
Et qu'allant seul chez l'mann'zinguin,
Tu n' s'ras pas longtemps leur cousin.
L'fait est, qu' dans l'courant d'la journée,
On r'nifle maint verr' de chass'las...
Tu t'la brise avant ta tournée :
      V'là l'tort que t'as !   (bis.)
Selon moi, voilà l'tort que t'as !

J'sais, qu' pour maîtress', t'as un' bell' fille
Qui fait le *maître* en ton logis ;
Tu la nourris, la couch', l'habille,
Je n'sais pas si tu la blanchis...
Ça n'regarde pas les amis.
J'comprends qu'un homm' pour être un homme
Doit avoir un' femm' sur les bras...
Mais, pour ell', t'es trop *économe* :
      V'là l'tort que t'as   (bis.)
Selon moi, voilà l'tort que t'as !

Je t'en parle, par circonstance :
T'es jaloux, au point d'pas savoir,
Qu'avec une aussi bell' prestance
Ta femme doit se faire voir,
Et qu'tout chacun voudrait l'avoir.

Si, malgré ta défiance extrême,
J'ai pu reluquer ses appas...,
Tu reste mon ami tout d'même :
    V'là l'tort que t'as ! (bis.)
Selon moi, voilà l'tort que t'as !

Tu dis, qu'ta femme a l'imprudence,
De fréquenter l'auteur, l'acteur !
Chez l'peintre, ell' pose avec décence ;
Si c'est de mêm' chez le sculpteur,
Ça d'vrait te fair' beaucoup d'honneur !
Eh ! quoi, les favoris des muses,
De ta femm' prisent les appas ?
Et tu marronn's comm' trent'-six buses...
    V'là l'tort que t'as ! (bis.)
Selon moi, voilà l'tort que t'as !

L'autre jour, tu trouves ta femme,
Tête-à-tête avec un cousin ;
Tu crie, en amant d'mélodrame,
Comm' pour amuser ton voisin,
Qui te traite de *Limousin !*
Pour un maçon d'cœur et d'courage,
Battre sa femme, en pareil cas,
C'est c'qu'on appell'... *gâcher* l'ouvrage :
    V'là l'tort que t'as ! (bis.)
Selon moi, voilà l'tort que t'as !

Ami, songe à chérir ta belle ;
Ta mise, ell' pourra la sauver.
Laisse la vivre en demoiselle ;
Plus tard, elle saura trouver
Le moyen de t'faire arriver.
Et, quand tu s'ras, de la bâtisse,
Un des *coqs*, alors, tu m'diras :
Tu n'as pas fait comm' moi, Baptisse :
    V'là l'tort que t'as ! (bis.)
Selon moi, voilà l'tort que t'as !

JULES CHOUX.

LES CŒURS,

CHANSONNETTE.

Air : { Du Sou, — de Margot, — des Comédiens,
ou de la Valse de Giselle.

Voyez, là-bas, ces enfants frais et roses,
Dont les doux jeux nous font croire au bonheur.
Ces chérubins nous montrent, dans leurs poses,
Ce que Boufflers intitulait le cœur.

Le jeune cœur, dans son adolescence,
Est un bijou ciselé par l'Amour;
C'est le blason de la douce innocence...
C'est un croquis, c'est un léger contour.

Mais, à quinze ans, il grandit et soupire :
Le cœur s'ennuie et baille à chaque instant,
Comme une fleur qui, languissante, aspire
Aux soins actifs d'un jardinier galant.

C'est un bosquet, où naît un beau feuillage;
C'est un enclos, où nul n'a pénétré;
C'est un anneau, c'est un amoureux gage,
C'est un ruisseau qui s'échappe d'un pré.

Mais à vingt ans, c'est l'Ile de Cythère,
Que, bien souvent, jeune ou vieux pélerin
Vient traverser, à l'ombre du mystère,
Front découvert et bourdon à la main.

C'est le désert, où vient tomber la manne;
C'est un sentier frayé par Cupidon:
Un paradis où maint élu se damne,
Et que l'on quitte en demandant pardon.

Mais, à trente ans, le cœur est un cratère
D'où sort la lave à flots vifs et brûlants;
C'est la tigresse insatiable et fière,
Dont la furie énerve les amants.

C'est le serpent, dont l'étreinte nous brise!
C'est une soif qu'on ne peut étancher;
C'est le foyer que nuit et jour attise
Une Vestale avide de pécher.

A cinquante ans, le cœur verse des larmes
Et pleure, hélas ! un cruel abandon;
Rose fanée, offrant ses derniers charmes,
Pour attirer le naïf papillon.

C'est un vieux fat qui gâte sa toilette,
Un Céladon qui sent le patchouli;
C'est un barbon qui lui conte fleurette,
Un vieux roman qui tombe dans l'oubli.

Vingt ans plus tard, il prend ses invalides;
C'est la pendule où manque un balancier;
C'est un terrain sur de steppes arides,
Que nul engrais ne peut fructifier.

A quatre vingts, c'est un hiéroglyphe,
Où les savants perdent tout leur latin;
C'est une énigme, un pâle logogriphe,
Un papyrus, un ancien parchemin.

C'est un vieux sou, privé de face ou pile,
Mis à l'index par tous les épiciers;
C'est le débris d'un animal fossile,
Que Cuvier classe au rang des carnassiers.

Voyez, voyez, là-bas, sur la bruyère,
Ce ver-luisant, lumineux diamant,
Et puis, au fond du pauvre cimetière,
Ces feux-follets qui dansent en tremblant.

Pour moi, qui crois à la métempsichose,
Ces feux-follets sont des cœurs de cent ans,
Qui, regrettant de ne plus être en cause,
Disent, hélas! que l'amour n'a qu'un temps.

Le Chevalier de PIIS.

LA DANSE
N'EST PAS CE QUE J'AIME,

Ariette de *Richard Cœur-de-Lion*,
Musique de GRÉTRY.

La danse n'est pas ce que j'aime,
Mais c'est la fille à Nicolas;
Lorsque je la tiens par le bras,
Alors mon plaisir est extrême ;
Je la presse contre moi-même,
Et puis nous nous parlons tout bas,
Tout bas, tout bas, tout bas, tout bas,
  Que je vous plains !
  Que je vous plains !
  Vous ne la verrez pas,
  Vous ne la verrez pas.

Elle a douze ans, moi j'en ai seize;
Ah ! si la mère Nicolas
N'était pas toujours sur nos pas,
Eh bien ! quoique cela déplaise,
Auprès d'elle je suis bien aise;
Et puis, nous nous parlons tout bas.
Tout bas, tout bas, tout bas, tout bas,
  Que je vous plains, etc.

Qu'elle est gentille, ma bergère,
Quand elle court dans le vallon.
Oh ! c'est vraiment un papillon ;
Ses pieds ne touchent point la terre.
Je l'attrape, quoique légère;
Et puis, nous nous parlons tout bas.
Tout bas, tout bas, tout bas, tout bas,
  Que je vous plains, etc.

LE
GARÇON DE SALLE.

Au galop ! au galop !
Rien n'égale
Un garçon de salle,
Pour servir à loisir
Et prévenir chaque désir.
Leste, pimpant, courant, trottant ;
Rarement on attend après sa vigilance.
Est-il pour servir un auteur,
On l'entend de tout cœur
Crier, prenant l'avance :
(Parlé.) Chef, coquille de cervelle !
Lorsqu'apparaît un gros Anglais,
Il sait doubler les frais
Au fils de la Tamise,
Disant : source de nos malheurs,
Faut payer les douleurs de la capote grise.
(Parlé.) Chef, befteck aux cornichons
Mais lorsqu'il voit un député
Se mettre du côté
De la noire devise,
Pour complaire à cet ignorant,
Sitôt, il va courant
Commander à sa guise :
(Parlé.) Chef, raie au beurre noir !
Ennemi de la fausse foi,
Le disciple de Foy
Se place au rang de gauche.

S'empressant vite d'accourir,
Sitôt, pour le servir,
Le garçon n'est pas gauche :
(PARLÉ.) Chef, langue, sauce piquante !
Un ministre, un fils d'Escobar,
Arrivant sur le tard,
Du centre droit s'arrangent.
Croiriez-vous que ces cantalous
Sont pire que des loups;
Car, entre eux ils se mangent:
(PARLÉ.) Chef, dindon truffé ! enlevé !
Près d'eux se place un vieux marquis,
Qui de faux droits acquis,
Bêtement se fait gloire,
Tranchant toujours du grand seigneur,
Il vante sa valeur
Et jamais le déboire :
(PARLÉ.) Chef, croûte aux champignons !
Faut-il servir un vieux soldat
Qui, vingt ans pour l'État,
Sut exposer sa vie ;
Content d'avoir un tel honneur,
Il vole avec ardeur
Répéter à l'envie :
(PARLÉ.) Chef, poulet à la Marengo !
Riant, dansant, buvant, chantant,
De cœur toujours content,
La bourse libérale,
Aimant la franche liberté,
Le vin non frelaté :
Voilà le garçon d'salle.

L'AMNISTIE.

Doux souvenirs que mon âme caresse,
Quand de mes yeux vous arrachiez des pleurs ;
Dans la prison, pourquoi ces cris d'ivresse ?
Qui peut ainsi faire trêve aux douleurs ?
Frères martyrs, que le destin châtie,
Par vos cent voix, quel mot est répété ;
Écoutons bien : amnistie ! amnistie !
A nous l'air pur, à nous la liberté.

Tombez, mes fers, l'humanité l'ordonne ;
On a suivi ces conseils généreux :
C'est l'amnistie, et ce jour qui la donne,
Ferme à jamais un passé douloureux.
Triste débris d'un politique orage,
Un vent fatal sur l'écueil m'a jeté ;
Là, sans espoir, expirait mon courage :
A moi l'air pur, à moi la liberté.

Oui, c'est bien vrai ; qu'elle joie enivrante,
Quel doux transport m'attendent au retour !
Geôlier, adieu ; ma jeunesse mourante
Va refleurir sous des baisers d'amour.
Sur ses progrès, la France se repose ;
Que de ses fils le sang soit respecté.
Au noir cyprès substituons la rose :
A nous l'air pur, à nous la liberté.

Mais, bien souvent, une pensée amère,
Jetait mon cœur dans un pénible deuil ;
Sans mes adieux, me disai-je, ô ma mère !
Tes restes chers descendront au cercueil.
L'espoir renaît et toute crainte cesse ;
Sous ce beau ciel que j'ai tant regretté,
Je vais bientôt consoler ta vieillesse :
A moi l'air pur, à moi la liberté.

LE CHIEN
DU
MARCHAND D'ÉPONGES

CHANSONNETTE.

Air : *J'veux être un chien, etc.*

Rue aux Fers, j'rencontris Chignon,
C'te bell' de la halle en renom ;
Mais moi, qui n'dis rien sans qu' j'y songe,
Tout en ruminant, j'ruminais,
Pour l'y dire c' que j'l'y dirais...
(Parlé.) Mam'zelle, que j'l'y dis comme ça : J'suis ben aise de vous rencontrer, pour vous dire que j'avions pour vous, depuis quéq' temps, une crise d'amour dans le cœur, qui n'se passe pas ; si vous voulez, tenez, ça sera fini...
  Ne r'fusez pas ça ;
  Dam, c'est que j'suis bon là...
Comme l'chien du marchand d'éponges.

All' me répond avec douceur :
— Monsieur, vous m'fait's beaucoup d'honneur ;
Si vous n'me dit's pas de mensonges.
Tout amant qui m'ment un seul brin,
J'lui dis : monsieur, vous r'pass'rez d'main...
(Parlé.) Demain ?... moi, qui n'aime pas qu'on me donne du balai... je lui dis : Mam'zelle, si vous n'me croyez pas, vous pouvez me mettre à l'épreuve...
  D'mon amour, en c'cas,
  Vous serez au pas,
Comme l'chien du marchand d'éponges.

J'vous aim', foi d'Mignon, qu'est mon nom ;
Preuv' de ça, j'régal' d'un poisson.
— Mon Dieu ! dit-ell', comm' tu t'allonges !
— Vous m'connaîtrez, j'lui dis tout net ;
Entrons-t'ici, cheu Poissonnet.

(PARLÉ.) Garçon !... un poisson en deux verres sur le comptoir, de cognac... et d'la bonne... dam !

 C'est que j'suis comm' ça,
  Et toujours bon là...
Comme l'chien du marchand d'éponges.

Un faquin, buvant z'un poisson,
N'veut-y pas caresser Chignon?
Cadet, j'y dis, est-c' que t'y songes?
Puis, j'dis à Chignon, tout comm' ça :
Est-c' que tu connais c'mossieu-là?

(PARLÉ.) Non, qu'all'.dit.—Eh bien, attends, que j'aille chez l'apothicaire chercher une dose d'unifa pour faire prendre à c'mossieu; ça pourra lui calmer les sens.

 Vous voyez, mon cœur,
  Qu'il est plein... d'ardeur...
Comme l'chien du marchand d'éponges.

En sortant, y m'lâchait des mots;
J'dis n'cri' pas, j'vas t'chercher des os;
Nous voirons voir comm' tu les ronges.
V'là qui me r'pousse avec un air...
Pan ! j'vous lui flanque un pet-en-l'air.

(PARLÉ.) Patatras !... Cadet..., ramasse ta viande ; et pis, j'dis à Chignon : Eteins donc la chandelle, v'là mossieu qui se couche !

 Y s'rafraîchit d'eau,
  Buvant dans le ruisseau...
Comme l'chien du marchand d'éponges.

J'm'esquive à travers l'embarras.
Chignon, m'rejoignant, m'dit tout bas :
Sur un homm', comm' diabl' tu t'allonges!
Pour me r'mett' les sens un p'tit brin,
J'entrons cheu l'premier marchand de vin...

(PARLÉ.) Mossieu Mélange, fais-nous servir un litre et deux verres, dans la salle, de douze sous !

 Buvant, m'dit Chignon :
  T'es bon là, Mignon,
Comme l'chien du marchand d'éponges.

Comm' c'était l'jour du mardi-gras,
Chez Desnoyers, j'guidons nos pas ;
Tout c'que j'dis, c'est pas des mensonges.
Dans l'grand salon nous arrivons,
Près d'la danse j'nous attablons.

(PARLÉ.) Garçon !... un p'tit broc et deux verres !... de quatr' litres à six !... C'n'est que pour y goûter... Après, j'voirons. V'là qu'y m'apporte un broc rempli d'mousse. — Garçon, j'dis, j'n'aime pas l'savon !

Remplis-moi vit' ça ;
Apprends que j'suis là
Comme l'chien du marchand d'éponges.

Mais, j'dis : c'n'est pas tout de pomper ;
Avant d'danser, il faut souper ;
A nous fair' des bosses, je songe.
Chignon, qui s'sentait l'ventre creux,
Dit : Va, tu f'ras tout pour le mieux.

(PARLÉ.) J'descends à la cuisine ; j'm'arrange d'un beau poulet gras, avec l'rôtisseur, qui sortait de la broche, de quarante-cinq sous ; d'un plat d'blanquette, avec la maîtresse, garni d'sauce et de p'tits oignons, d'vingt-cinq sous, et une bonne salade que j'ai fait faire par la d'moiselle, de chicorée sauvage, de vingt sous, bien huilée.

Pour chiquer tout ça,
J'dis que nous étions là
Comme l'chien du marchand d'éponges.

Lasse d'bouffer, d'boire et d'sauter,
Chignon m'dit qu'ell' voulait chanter ;
Pourquoi tant, j'lui dis, qu'tu prolonges ?
V'là qu'all' nous entonne sus l'ton
La romance du pied d'mouton.

(PARLÉ.) Guillaume l'enroué qu'était là, faisait chorus ; ça fesait une harmonie du diable qui touchait l'cœur... C'était pis qu'une tragédie ; ça fesait pleurer !

C'est qui chantaient ça
En air d'Opéra...
Comme l'chien du marchand d'éponges.

Quand j'fûmes las d'nous divertir,
Chignon m'dit : mon homm' faut partir ;
A coucher ici, c'que tu songes?
Non, j'l'y réponds, car, avant l'jour,
Cheu toi, j'vas t'prouver mon amour...
(PARLÉ.) Chut ! qu'à m'dit ; on n'parl' pas d'ça d'vant l'monde... Moi, qu'allais à la bonne, j'dis : ça y est !... All' m'répond : assez causé.
    J'partis plein d'gaîté,
    Que j'allais d'côté
Comme l'chien du marchand d'éponges.

Le long de chemin nous blaguons
Tous les masques que j'rencontrons ;
Mais ne v'là t'y pas, sans qu' j'y songe,
Qu'un maudit sagouin d'savetier
Vient d'm'alonger z'un coup d'tir'-pied !
(PARLÉ.) Attends, j'dis, toi, que j'te tanne le cuir... Y s'sauve... Chignon qui v'nait de l'dévisager, m'dit : Tu n'le connais pas?... C'est Coco, le marchand d'amadou, du pont Saint-Michel !
    Tout l'monde l'connaît ;
    Il a l'musiau fait
Comme l'chien du marchand d'éponges.

Me v'là près d'la porte à Chignon ;
J'allais pour monter sans façon ;
All' me dit bonn'ment, c'que t'y songes?
V'là t'y pas qu'all' mont' la couleur,
De m'dir' qu'all' reste avec sa sœur.
(PARLÉ.) Ta sœur ?... que j'dis. Depuis hier, que j'vas d'mon tout comme une marionnette, tu me dis ça. Tu fais donc aller les hommes, toi ? mille z'yeux !— Voyant que j'en étais pour mon beurre, j'attrape Chignon par le toupet, j'l'y fait prendre un potage à la boue ; et pis j'vanne !...
    Tandis qu'all' criait,
    J'allongeais l'jarret
Comme l'chien du marchand d'éponges.

                  Attribué à VADÉ.

LE
VOYAGEUR GASTRONOME
OU L'UNIVERS DANS LES ASSIETTES.

Air : *Des Comédiens, de Margot ou du Sou.*

De voyager la manie est perdue,
Depuis qu'on peut, sans danger ni frayeur,
Du monde entier parcourir l'étendue,
En déjeûnant chez un restaurateur.

Dès le matin, si l'appétit me gagne,
Au restaurant je m'installe soudain.
Tout en vidant mon flacon de Champagne,
Je vois l'Escaut, le Tibre et le Jourdain.

Dans un salmi deux magots de la Chine
Font faction sur les murs de Pékin,
Quand un pigeon, sortant de la cuisine,
Vient se percher sur les tours de Nankin.

Un merlan frit, craignant peu pour sa vie,
De Gibraltar veut passer le détroit.
Dans les déserts brûlants de l'Arabie,
Un marmiton apporte un poulet froid.

Dans les pruneaux un nègre d'Amérique,
Se fait traîner sur un char sans pareil.
Un peu plus loin les peuples du Mexique
Dans la compote adorent le soleil.

Dans un bouillon un Ottoman profane
De Mahomet insulte les houris ;
Quand un pacha vient, avec sa sultane,
Parler d'amour dans un potage au riz.

Deux gros Anglais se repassent des gnoles
Au fond d'un plat garni par un beftec.
Sur le comptoir, deux jeunes Espagnoles
Livrent leur cœur auprès d'un hareng sec.

Dans son délire une jeune Africaine
Vient succomber tout près d'un champignon,
Quand tout à coup vient une Péruvienne
Se rafraîchir dans la soupe à l'oignon.

Un Irlandais, au fond de la giblotte,
De son pays nous vante les beautés,
Quand de l'Ecosse un vilain sans-culotte
Montre son..... nez sous les petits pâtés.

Je vois paraître un fromage à la crême
Au beau milieu des mines du Pérou.
Bientôt après, dans ma surprise extrême,
Sous un rôti je vois brûler Moscou.

J'ai vu plus fort, amis, vous le dirai-je?
J'ai vu Madrid sous un dindon truffé,
Saint-Pétersbourg dans les œufs à la neige,
Et le Brésil dans la tasse à café.

Convenez-en, la chose est agréable,
De découvrir ainsi tout l'univers,
Et de trouver, sous un mets délectable,
Mille beautés et maints peuples divers.

ÉCRIRE FRANCO

A. HURÉ, libraire-éditeur, à PARIS

RUE DAUPHINE, 44, PRÈS LE PONT NEUF

Seul propriétaire des chansons contenues dans l'Album du Gai chanteur.

(Reproduction complétement interdite.)

L'ARRIVÉE
D'UN
ALLEMAND A PARIS.

CHANSONNETTE COMIQUE

Par Jules CHOUX.

La Musique se trouve chez **A. HURÉ**, libraire-éditeur à Paris, rue Dauphine, n° **44**, près le **Pont-Neuf**.

AIR : *De l'Arrivée de Nigaudin.*

Du Vrançais foulant brendre l'chic,
  J'avre quitté Munich,
  Pur Paris la cap'tale ;
Par la chemin d'fer te Strasburg,
  Che téparque un peau chur,
  Afec mon sac, mon malle.
Gomme j'foulais vaire mon troit,
  Che m' fais contuir' tut troit
  Tans le gartier d'l'École,
  Gardier tes plis charmants,
  Peuplé te gais vifants ;
  Tans l'rang tés pons enfants
  Tut t'apord, che m'enrôle.
A pein' pur tluer, suis-je à table,
Qu'un' foissin', hapitant l'hôtel,
  Me barle, tu ton l'plis aimable.
Et me truff.... drès spirituel.

Album du Gai Chanteur.   14e *livraison*.

Mon cœur fume
Et s'allume :
Pour l'amur, j'être un tison ;
Cette fille
Est chendille
Et je saisis l'occasion.
Fraiment cett' bremière succès,
Pur barler le Vrançais
Il être d'pon angûre :
Mon maîtress' me montrera pien,
Son langue et son figure,
Sans qu'il m'en coûte rien !

Abrès afoir pris maint' leçon,
L'matin, en pon carçon,
Che quitte mon maîtresse
En lui tisant : Fiens m'foir,
Oh ! mon pelle à l'œil noir...
—Che refiendrai ce soir,
Tit-elle, afec dentresse.
J'fois, bassant sur ein' blac' biplique,
Un banguiste afec sa carzon,
Qui f'sait turner un méganique...
Y m'tonne à t'nir un b'tit corton.
V'la qu'i turne
Et returne,
Soudain, je r'çois tans les reins,
Un volée
Un trépignée...
On m'épuste... à cups de gourdins !
J'l'âch' tut, et j'tis : Fotre infention,
Fotre électrisation,
Etre ein' chos' tiapolique :
On a bartout vanté, cité,
Votr' *machine à la trique*...
C'être eine atrocité !

J'quitt' le place... on m'y r'prendra plus :
Rompu, moulu, perclus,
Ne marchant que t'une aîle ;
Mais rebrenant mon fol,

Boul'vart Sépastobol,...
Ch'entre en m'pussant tu col
Au *bazar*... *Ponn' Noufelle.*
Ce nom-là, tevait me bromettre,
Pour l'instant, peaucop t'agrément ;
Chistement, ch'attendais un' lettre
Te mon *père*,— qu'être un t'mes barents.
  Mais la poste
  Manque au poste
Ché ne fois que tes marchands ;
  Des putiques,
  Des bratiques,
Des gonscrits et tes ponn's t'enfants.
Che m'saufe, et, contre mon espoir,
  Chai pertu mon muchoir ;
  Mon pipe et mes linettes;
D'ma gusset ma montre elle à fui,
  Mes putons te manchette,
  Mon tapatière aussi!

A mon toux rentez-fous du soir,
  Ché curs, rembli t'espoir,
  Mais, ne fient bas la pelle ;
Ch'ai peau l'attendre quinze churs ;
  Che supire pour elle
  Et che l'attends tuchurs!
Paris, tis-je, être bas pur moi,
  Ein' ville héreus', ma foi,
  Che n'y fois que t'la peine :
  Homm's qui s'être pendus,
  Enfants folés, perdus,
  Des vices, des fertus,
  Repéchés tans la Seine!
Chez nous, y tis'nt que la foyache,
Y toit former l'cœur et l'esprit;
J'ai fini ma pélérinache
Et n'suis guèr' peaucop plis instruit.
  Fite en rute,
  Le chûcrute,
Et le ponn' pièr' tu pays ;

La mariache,
Vont, che gache,
Vaire cesser tus mes ennuis.

(Parlé.) T'autant plis, qu'au tépart, ché havais ein crosse Cheannette... *Chucrutman,* qu'il blérait... qu'il blérait... peaucop fort. (*Avec regret.*) Ah! c'être écal; ché recrette engor plis ma brofesseur de Vrançaise. (*Avec effusion.*) AH! SACREMAN TARTÉ-IFFLE! Qu'elle était chendille!... sans gompter qu'elle afait tiaplement tu chic! — Elle m'aurait rentu pien fort sur son langue... (*Gros soupir.*) Ouff!... faut plis y benser. (*Soupir.*) Ah!...

REFRAIN:

J'avre suffisamment tu chic:
Che returne à Munich,
Pur rapprendre mon langue;
Car, le paragouin te Baris,
Pour faire un peau barangue
Il serait bas gompris.

IL FAUT
DES ÉPOUX ASSORTIS

ROMANCE
Du Prisonnier ou la Ressemblance.

Paroles de C. DUVAL. Musique de C. DELAMARIA.

Il faut des époux assortis
Dans les liens du mariage.
Vieilles femmes, jeunes maris,
Feront toujours mauvais ménage ;
On ne voit point le papillon
Sur la fleur qui se décolore.
Rose, qui meurt, cède au bouton
Les baisers de l'amant de Flore.   (*bis.*)

Ce lien peut être plus doux
Pour un vieillard qu'amour enflamme ;
On voit souvent un vieil époux
Être aimé d'une jeune femme.
L'homme, à sa dernière saison,
Par mille dons peut plaire encore :
Ne savons-nous pas que Titon
Rajeunit auprès de l'aurore.   (*bis.*)

Aux époux unis par le cœur,
Le temps fait blessure légère ;
On a toujours de la fraîcheur,
Quand on a le secret de plaire.
Rose qui séduit le matin,
Le soir peut être belle encore :
L'astre du jour à son déclin
A souvent l'éclat de l'aurore.   (*bis.*)

UNE FIÈVRE BRULANTE

ROMANCE DE *Richard Cœur-de-Lion*.

Musique de GRÉTRY.

Une fièvre brûlante,
Un jour me terrassait,
Et de mon corps chassait
Mon âme languissante :
Ma Dame approche de mon lit,
Et loin de moi la mort s'enfuit.
Un regard de ma belle,
Fait dans mon tendre cœur,
A la peine cruelle
Succéder le bonheur.

BLONDEL.

Au milieu du carnage,
D'ennemis accablé,
J'allais être immolé
Par leur brutale rage....
J'invoque ma Dame et l'amour,
A travers tout je me fais jour!

RICHARD.

Un regard de ma belle, etc.

BLONDEL.

Dans une tour obscure
Un Roi puissant languit;
Son serviteur gémit
De sa triste aventure....

RICHARD.

Si Marguerite était ici :
Je mécrierais, plus de souci !

DUO.

Un regard de ma belle, } bis.
Fait dans mon tendre cœur,
A la peine cruelle } bis.
Succéder le bonheur.

O RICHARD! O MON ROI!

Air : de *Richard Cœur-de-Lion.*

Musique de GRÉTRY.

O Richard ! ô mon Roi !
L'univers t'abandonne ;
Sur la terre il n'est donc que moi,
Qui s'intéresse à ta personne.
  Moi seul dans l'univers,
  Voudrais briser tes fers,
Et tout le reste t'abandonne.
  O Richard ! ô mon Roi !
  L'univers t'abandonne ;
Sur la terre il n'est donc que moi,
Qui s'intéresse à ta personne.
  Et sa noble amie, hélas !
Son cœur doit être navré de douleur,
Oui, son cœur est navré, navré de douleur.
Monarques, cherchez, cherchez des amis,
  Non sous les lauriers de la gloire ;
  Mais sous les myrthes favoris,
Qu'offrent les filles de mémoire.
Un troubadour est tout amour,
  Fidélité, constance !
Et sans espoir de récompense.
  O Richard ! ô mon Roi !
  L'univers t'abandonne ;
Sur la terre il n'est que moi, il n'est que moi,
  Qui s'intéresse à ta personne.
  O Richard ! ô mon Roi !
  L'univers t'abandonne ;
Sur la terre il n'est que moi,
Oui, c'est Blondel, il n'est que moi,
  Il n'est que moi,
Qui s'intéresse à ta personne,
N'est-il que moi, n'est-il que moi,
  Qui s'intéresse à ta personne !

MOÏSE

SCÈNE DRAMATIQUE.

Paroles de CH. PONCY. Musique de L. BORDÈSE,

La Musique se trouve chez **A. HURÉ**, libraire-éditeur à Paris,
rue Dauphine, n° 44, près le Pont-Neuf.

Tout mon peuple est saisi de terreur et d'extase ;
    La terre tremble sous ses pas ;
Au front du Sinaï, que la tempête embrase,
    Gronde la foudre aux sourds éclats !
Prosternez-vous, Hébreux, devant de tels miracles !
    Dieu va parler du haut des airs :
Il m'appelle, et je vais recueillir ses oracles,
    Parmi la foudre et les éclairs !

    Ce Dieu, que Pharaon blasphème,
    Voulant nous tirer de l'exil,
    Par la fille du Roi, du Roi lui-même,
    Me sauva des ondes du Nil.
    Plus tard, j'entendis sa parole,
    M'appeler, au buisson ardent,
    Et me tracer le divin rôle
Que j'accomplis, que j'accomplis en vous guidant.

    Sous la conduite de Moïse,
    Marchez, ô fils du peuple hébreu ;
    Marchez vers la terre promise,
    Vers la terre de Dieu !
Marchez, marchez vers la terre de Dieu !

Des fléaux ravageaient le monde,
Mais ils ont respecté nos rangs ;
La mer pour nous ouvrit son onde;
Elle engloutit tous nos tyrans.
Devant vous, la nue embrasée,
Aux déserts, vous aide à marcher;
La manne vous tombe en rosée,
Et le flot jaillit du rocher !

Sous la conduite de Moïse,
Marchez, ô fils du peuple hébreu,
Marchez vers la terre promise,
Vers la terre de Dieu !
Marchez, marchez vers la terre de Dieu.

Et maintenant, je vous apporte,
La loi que Dieu dicta pour nous.
Dans l'arche que son glaive escorte,
Vous viendrez la lire à genoux.
Suivez tous cette loi divine,
Et tous, hommes, femmes, enfants,
A l'Éden que Dieu vous destine,
Vous arriverez, vous arriverez triomphants.

Sous la conduite de Moïse,
Marchez, ô fils du peuple hébreu,
Marchez vers la terre promise,
Vers la terre de Dieu!
Marchez, marchez vers la terre de Dieu.

UNE
VIEILLE FILLE A MARIER.

RÉVÉLATION MATRIMONIALE.

Paroles d'ADOLPHE JOLY, musique de V. ROBILLARD.

La Musique se trouve chez **A. HURÉ**, libraire-éditeur, à Paris, rue Dauphine, n° 44, près le Pont-Neuf.

Ah! nom de nom! j'm'ai trompé d'porte... Dieu! les bels hommes!... oh! le superbe blond! oh! le joli petit brun! oh! le magnifique rouget!... je les trouve tous ravissants, ces horreurs d'hommes : c'est p't'être par c'que je n'peux point z'en avoir un à moi... Tiens! tiens! si j'comptais mon p'tit boliment z'à la sociliété? p't'être ben... Au fait, on n'peut point savoir. (*Elle salue le public*). Salut ben, Messieurs, Mesdames et la compagnie.

    Vous voyez une demoiselle,
    Dont le cœur est naïf et neuf,
    Une petite tourterelle,
    Qui vient de sortir de son œuf.

Ah! voui, que j'en ai un de *neuf, de cœur*, et brûlant donc... c'est-à-dire qu'on pourrait faire cuire dessus un œuf d'autruche à la mouillette... (*Elle soupire.*) Ah! tenez, ce matin z'encore : toc toc! toc toc!... je m'réveille en soubresaut, susse le coup de ménuit; je croyais ouïr le vieux coucou fêlé de la mère Cassemajou, qui bat la beurloque (je parle du coucou). Eh ben! non mossieu, c'était le loicataire de mon estomaque, qui me disait en sautillant (le p'tit gueux qu'il est) : Tu dors, belle Pétronille! Tu dors, quand des jeunes hommes rêvassent à tes charmes et poussent des soupirs à déraciner z'une porte-cochère... Ous qu'ils sont ces jeunes hommes? que j'réponds en me frottant les orbiques de l'œil et en me plaçant susse mon océian... Mais oui, ce n'est point z'une ellusion : j'entends soupirer queuqu'part. (*Elle geint comme un boulanger*). Hein ein!... hein ein! On soupire même très-fort. (*Même jeu*). Hein ein! (*Elle crie.*) Arrête ! adorateur de mes faibles appas, tu vas te donner une affliction de poitrine... Hélas ! hélas ! c'était le geindre du boulanger, qui pétrissait z'une fournée de pains n'à la joko.

REFRAIN :

Je suis Pétronille,
Une vieille fille,
Une fille à marier ;
Je bisque ! j'enrage,
Car on dit, je gage,
Que je suis folle à lier !

Interrogez le voisinage,
Chacun vous dira, Dieu merci !
Que je suis douce, aimable et sage.
On sait m'aprécier zici.

C'est qui g'n'y a point z'a dire, mon bel ami, questionnez quiquonque, et tout un chacun à qui que vous parlerez de moi, vous répondra : Mam'zelle Pétronnille : oh ! oh !... Mam'zelle Pétronille, ah ! ah !... (*Avec aplomb.*) C'est des preuves ça... hein ? je suis douce comme l'agneau qui vient de *paitre*, et d'une modestie... C'est pas pour me flatter, je suis pétrite de talens, je sais poser les sangsues, rempailler les tabourets et raccommoder la faïence. C'est ça qu'est agréabe dans un ménage, surtout quand on a z'un légitime qu'a la main malheureuse... sans compter que j'sais arranger un restant d'bœuf avec de la chair à saucisse, qu'on jurerait manger z'un poulet à la *Mère Angot*... Tiens ! au fait, v'nez tous me voir un de ces jours au soir, je vous traiterai sans cérémonie, à *l'infortune du pot*... j'prendrai un arlequin d'six sous, au marché des Partriaches ; avec ça, y a de quoi manger pour dix-huit personnes : les ceux qu'aiment les volailles, comme les ceux qu'adorent la pâtisserie ou les confitures, tout l'monde est content. (*Au refrain.*)

J'voudrais faire une connaissance,
Mais moi, qu'aime le positif,
J'commenc' par vous prev'nir d'avance,
Que ça s'rait pour le bon motif.

Ah ! mais voui, que c'est pour le conjongo. J'voudrais pas qu'vous supposasissiez des choses dont auxquelles que ça n's'rait pas... Oui, je veux t'un époux tendre, galant, fidèle : y en a pas épais, mais en cherchant ben, p't être qu'on en trouverait z'encore (*Soupir.*) Ah ! celui-là pourra se vanter d'avoir une petite femme appitissante ! C'est que l'dimanche, quand j'ai mon grand chapeau t'à plumes et ma robe de soie, couleur de grenouille enrhumée (une robe toute neuve, que j'ai fait faire pour la prise du Trocadéro), on m'prendrait pour une marquise ou une revendeuse à la toilette ; j'porte pas de crignoline moi. (*Elle se tape sur l'estomac.*) Allons donc ! j'en ai pas de besoin d'abord, et pis j'dis que c'est t'hideux, et qu'avec leur cerceau en fer, on a l'air du ballon de monsieure Grodard. (*Elle rit.*) Eh !... eh !... eh !... j'suis t'y mauvaise, hein ! mes bonnes gens, j'me r'commande à vous ; si vous connaissez dans vos connaissances un jeune homme major ou un veuf, sans trope d'éfants, et ragoûtant à l'œil, parlez-lui de moi : (*Grand salut.*) Pétronille Goirenflot, Directrice de l'hôpital des alimaux maladifs, rue du Paon, à l'enseigne de l'Orang-Outang... à sa subsestance ; inventeuse de la poudre insectricide, qui détruit les rats, souris, mulots, puces, limaces, taons et autres reptiles velimeuses, avec lesquelles, Messieurs-t'-et Mesdames. (*Au refrain.*)

Paris, A. HURÉ, éditeur et seul propriétaire,
rue Dauphine, 44, près le Pont-Neuf.

Tout exemplaire non revêtu du timbre de l'éditeur sera poursuivi comme contrefaçon.

Paris. — Typ. CHAUMONT et COPIN, 6, rue Saint-Spire.

PETIT PAPA

CHANSONNETTE

Petit papa *(bis)*
J'ai, pendant l' temps de ton voyage,
Eté bien sage
Comme une image...
Petit' maman te le dira.

Le jour de ton départ pour Nice,
Tu disais qu' tu m' rapporterais
Des joujoux et du pain d'épice...
Moi, j' savais bien qu' tu m'oublirais.
Pourtant, malgré ta longue absence,
Gaîment pour nous le temps s' passa;
Grâce à Paul, un' bell' connaissance,
Je n'ai manqué de rien d' tout ça.
Paul, c'est un cousin de p'tit' mère,
Qui gagn' sa vie... à ne rien faire.
    Petit papa, etc.

C' n'est pas un parent ordinaire :
Paul n'a pour moi que des bontés;
Il embrasse en entrant p'tit' mère
Et s'inquiète de nos santés.
Maman l'aime autant qu' toi, peut-être,
Car il s'informe chaque jour
Si de toi nous avons un' lettre
Et si tu s'ras bientôt de r'tour.
Maman, qui n' veut pas que j' te l' dise,
Pense te faire... une surprise.
    Petit papa, etc.

Album du Gai chanteur.   18ᵉ Livraison.

A la fête de Romainville,
Paul en fiacre nous a conduits;
Dans l' bois, au lieu d' dîner en ville,
Notre couvert s'est trouvé mis.
Après l' repas, avec ma bonne,
Je suis parti cueillir des fleurs,
Afin d' former une couronne
Pour maman, qu'aim' tant les couleurs...
Pendant que je faisais ma gerbe,
Avec Paul, ell' dormait sur l'herbe.
  Petit papa, etc.

Le soir, pour finir la partie,
Nous somm's entrés chez l' physicien,
Qui, pour la fantasmagorie,
Eteint l' gaz, et l'on n' voit plus rien
Qu' des diables qui, de chaqu' personne,
Caus'nt la frayeur, mêm' que l' cousin
Serrait maman, pendant qu' ma bonne
Se pressait contre son voisin.
Un piano qu'était d'vant l' parterre
Jouait l'air connu : *Connu mon père*.
  Petit papa, etc.

Paul et maman sont en prom'nade;
Ils rentreront bien tard, je croi...
Mais, quel air!... serais-tu malade?...
Tu parais tout jaune... pourquoi?...
La faim, sans doute, en est la cause;
Et, comme en ville ils vont dîner,
Ma bonn', qui n'a pas fait grand chose,
Chez Véfour t'enverra prom'ner;
C'est le restaurant que Paul aime,
Tu d'mand'ras l' cabinet treizième.

  Petit papa (*bis*)
J'ai, pendant l' temps de ton voyage,
  Eté bien sage
  Comme une image...
Petit' maman te le dira.

      Jules CHOUX.

IL FAUT BOIRE

CHANSON
de N. BRAZIER.

Air : *Ma tante Urlurette.*

Il faut rire à tout moment,
Désaugiers l'a dit gaîment ;
Mais pour rire, il est notoire,
    Qu'il faut boire,   (bis.)
  Boire et toujours boire

J'aime bien à rimer ; mais,
Toutes les fois que je mets
Ma plume dans l'écritoire,
    Il faut boire,   (bis.)
  Boire et toujours boire.

Dès l'instant que nous naissons,
Vous savez que nous pressons
Un vase blanc comme ivoire ;
    Il faut boire.   (bis.)
  Boire et toujours boire.

Si Gros Pierre est mon ami,
C'est qu'en arrivant chez lui,
Il dit, en ouvrant l'armoire :
    Il faut boire,   (bis.)
  Boire et toujours boire.

Quand d'innocentes beautés,
Par pudeur nous ont quittés,
Pour en perdre la mémoire,
    Il faut boire,   (bis.)
  Boire et toujours boire.

Je suis gai, quand on me sert
Une poire à mon dessert ;
Car, je sais, qu'avec la poire,
    Il faut boire,
  Boire et toujours boire.

LES DÉMOLISSEURS.

CHANSON
De J.-C. GAGNEUR.

Air: *Bon voyage, mon cher Dumolet*

Du courage !
Allez jusqu'au bout,
Démolisseurs, achevez votre ouvrage ;
Du courage !
Allez jusqu'au bout,
Ne laissez pas un vieux pignon debout.

Le vieux Paris est, dites-vous, horrible,
Sale, puant et tout déguenillé ;
Mais Paris est un vieux enfant terrible,
Qui ne veut pas être débarbouillé.
  Du courage ! etc.

De tous côtés les maisons disparues,
Font que chacun cherche un appartement ;
On dit, chez nous, que l'esprit court les rues :
C'est qu'il ne peut trouver de logement.
  Du courage ! etc.

Retrouve-t-on à peine un coin modeste
Que vous venez encor nous déloger ;
Si cela dure ainsi que tout le reste,
La tête va bientôt déménager.
  Du courage ! etc.

Continuant votre infernale ronde,
Quand vous venez mettre une rue en deuil,
Votre poussière aveugle tout le monde :
Comment peut-on vous voir donc d'un bon œil ?
  Du courage ! etc

Je vous vois tant, vilaine bande noire,
Démolir vieux et neuf pour embellir,
Qu'en vérité, je finirai par croire
Que l'on bâtit exprès pour démolir.
  Du courage ! etc.

Jadis Paris redoutait les attaques
Des fiers Normands, ses turbulents voisins;
Mais aujourd'hui, bien plus que des Cosaques,
Nous redoutons l'aspect des Limousins.
  Du courage ! etc.

Où s'abritait le pauvre locataire,
Vous bâtissez des hôtels éclatants;
On y respire un air plus salutaire :
Que ne peut-on vivre de l'air du temps.
  Du courage ! etc.

De ce chaos, comment veut-on qu'on sorte,
A concevoir tant de plans malheureux ?
Vous vous creusez l'esprit de telle sorte,
Que vous devez être des esprits creux.
  Du courage ! etc.

IRMA.

Ah! dans ton cœur, l'amour s'est-il glissé!
Sur ton front pur, plus prompt que l'étincelle,
Comme un frisson, un nuage est passé,
Et tu t'endors plus charmante et plus belle.
Mais sous l'aspect de ce songe enchanteur,
Je vois ton sein qui doucement s'agite ;
A le connaître, enfant, l'amour t'invite,
Réveille-toi pour trouver le bonheur.

Irma ! chaque âge à ses nouveaux désirs.
Hier encor, enfant insoucieuse,
Dans les jeux seuls, tu cherchais le plaisir ;
Mais aujourd'hui que ton âme est rêveuse,
Que tu sens battre et palpiter ton cœur,
D'autres désirs dans ce cœur viennent naître !
Enfant, à toi, l'amour s'est fait connaître,
Réveille-toi pour trouver le bonheur.

Le dieu d'amour est un dieu plein d'attraits ;
De son pouvoir subissant la puissance,
Enfant, bientôt tu sentiras ses traits.
Mais si parfois ce pouvoir est immense,
Rien n'est plus tendre et n'a plus de douceur!
Chaînes d'amour sont des chaînes de roses,
Enfant, pour toi, ces roses sont écloses,
Réveille-toi pour trouver le bonheur.

Réveille-toi, car l'amour n'a qu'un temps,
Et ce temps passe, et passe et passe vite ;
Ange charmant, la vie a son printemps,
A profiter du tien un Dieu t'invite.
Ton sommeil cesse, ah ! l'amour est vainqueur!
Dans tes yeux brille une nouvelle flamme ;
Viens, belle enfant, douce fleur de mon âme,
Viens avec moi, viens chercher le bonheur.

PRUDENCE.

L'ALLEMAND
FABULISTE ET CONTEUR.

Scène Comique.

POT-POURRI AVEC PARLÉ,
Par JULES CHOUX.

REFRAIN.

AIR : *Larifla, fla fla.*

Qui feut avoir à table
Un convive amusant,
Gai conteur, homme *affable ?*
Foilà ma signal'ment !
   Larifla, fla fla,
Cet homm' là le foilà;
Che suis tout cela.

AIR : *Il pleut Bergère.*

Quand je tin'.. chez mon frère,
(Un de mes broch's parents),
Che tâche de distraire
Son femme et ses enfants,
Afec Monsieurr' *Fontaine*
Ou meinherr *Florian...*
Et bour qu'on me gombrenne,
Che barle... zimplement.

(PARLÉ). Yâ!... Che ragonte, t'une manière... qu'il être à la bortée de tout le monte: tepuis le plis crande, chusqu'au plis petite. — Ainzi : *Le Renard et la Gorpeau.* « Il était ein' fois un Gorpeau, qu'il savait crimper sur un arbre pur mancher un vromache qui sentait très-pon ! — Le maître Renard, attiré par le pon coût de cett' fromache, il arrife et il tit à la *Gorpeau :* Ponchour !... ma barole t'honneur sacrée... mill' tarteiffle... je fus trufe gendil...; fus me semplez pien choli et si vous chantez aussi pien que fôtre plimache, vous être le roi de toutes les oiseaux... en bois. — Meinherr le Gorpeau, flatté tu gomb'liment, il ouvre un crande *gueule* et laisse domber la fromache tans la *pec* tu maître Renard qui l afale tout *cru*... » *(Sentencieux.)* Cela pruſe, mes enfants, qu'il ne faut chamais... chamais croire que fous ètes cholis quand vous manchez la fromache. — Et puis, fous gombrenez ?... si fous n' gombrenez pas cett' fois, che regommencerai timanche... et ça sera tuchours noufeau. (AU REFRAIN).

Il était ein' crenouille,
Bas plis cross' qu'un p'tit œuf,
Qui, voulant cette andouille,
Dev'nir cross' gomme un pœuf.
Par sa sœur, la pauvrette
Se fait soufler... dans l' dos,
Si fort qu'ell' perd... la tête,
Et la chair, et les os.

(PARLÉ.) Ce qui proufe engore, qu'un enfant il afre pas pesoin de ressembler à un pœuf..., afec les cornes !... C'est lotre papa que ça recarde... te fus faire crands et cros... en fus *éléfant*... dranquillement afec le temps qui *crossit* de temps en temps. — A eine autre.

AIR : *Partant pour la Syrie.*

Puisque che fus récale,
J' veux bas l' faire à temi :
J' vas gonter *la Cicale*
Et montam' *la Fourmi* ;
C'être ein' fable cholie
A l'adress' tes cheun's chens ;
Ell' prêch' l'économie...
Pour quant fient l' maufais temps.

(PARLÉ.) Voici le chosse : — « Il était... engore ein' fois, une *Cicale*, qu'elle afait janté tout l'été, sans soncher à rebriser ses pas ni ses chupons... De sorte que, quand l'hifer fut venue.., elle était toute nue : C'était bas chendil ! — Elle s'en fa tonc *truffer* sa voisine la furmi : — Salut, ponchour, d'mante excuse !... che fiens, Montame, fous temander le moindre tes choses... eine allumette... eine simple *all'mette!* — Bourquoi faire ? — Bour allumer ma feu, faire mon zoupe et moi tiner. — Che n'ai pas d'all'mette, que tit la furmi, bas prêteuse. — C'est tommâche, ajûte la *Cicale*, d autant plis que che n'ai pas de *pois*, que che manque de *fiande* et que che foudrais pien un peu *d'archent*. — *(Geste de montrer la porte.)* Furth !... que répond la furmi... fichez-moi ton camp !... Ah ! vous afez *janté tout l'été !*.. Eh pien, allez danser à la Chardin d'Ifiver si fus foulez. » — La morale est pour les cheunes temoiselles qui, quand elles chantent trop pendant l'été, sont opligées d'apprendre à tanzer, pour faire leur chemin l'*hiver* tans les *Chardins divers*. (AU REFRAIN).

Mais, c'être assez de fable
Et, maintenant che veux,
D'un conte épuvantable,
Récaler mes neſeux.
De *Barpe-pleu*, l'histoire,
En pivant le gafé...
Vous plaira ; — faut pas m' croire ;
Ça n'est pas *arrifé*.

(PARLÉ.) Fous allez tus croire que c'être eine *blaque* ?.. Et pien, ç'est vrai !... C'être un vrai conte. — « Il était... tuchours eine fois... un homme très-crande, très-crosse, très-crasse et engore blis méchant, qu'il afait une *barpe pleue*... c'être pas eine couleur ! — même qu'il était vèfe pour la sixième fois de six femmes qu'il avait pendues aux clous d'une cabinette d'ousqu'il avait le glé dans l'poche te son guilotte. — Un chur, il tit gomme ça à son seutième femme : *Montame Barpe-pleue*, qui dit..., faut que chaille me bromener bour affaires à quelques guilomètres t'ici ; il s'achit d'acheter un maison de gampagne par vus — Foici, tutes mes glés ; soyez bien sache et n'ellez pas tant la betite cabinette ousqu'il y a un crand trou et des bapiers secrets... C'est là qu'ils sont tutes mes habits de teuil. Voilà tut ce que che fus regommande : Atieu... Pien le ponsoir... portez fus pien !... si je fénais à murir, che fous l'écrirais !— Il n'est pas plistôt parti, que Montame *Barpe-pleue* ouvre la porte. (*Cri de frayeur.*) Ah !... Jesus, mein Gott ! et elle tombe à la renverse après afoir fu, te ses cholis yeux fu, les femmes de son mari... toutes *six*... *pendues.* — Tut-à-cup ! pan, pan ! On frappe à la porte. C'être *Frampoisy*... Non, *Barpe-pleue* qu'il afre ouplié son pipe. — La bauvre femme à demi-morte il ressuscite. Alors, *Barbe-rousse*... non *Barbe-pleue* lui tit : Ousqu'il être la clé de la cabinette ?... Ousq ?... Oh ! Oh ! qu'il tit : fous avez entré tans ces lieux (*Voix de femme.*) Non, che fus le bromets. — Fous me drompez reprend *Méphistophélès*, c'est Faust !.. Malhérèse ! qu'il ajôte : fais ton brière ! — Crasse !.. Crasse ! — Bas de crasse qu'il répond Frampoisy furieux... et il la brend par le chignon, tire sa crande coutelas pendant que la bauvre femme il se met à janter :

AIR : *Au Clair de la Lune.*

« Anne, mon sœur Anne,
« Vois-tu rien venir ?...
« Che fois un p'tit âne,
« Qui broute à loisir,
« L'herbe qui verdoie,
« Tans ce chour de deuil...
« L' soleil qui poudroie
« Et me tapp' dans l'œil...

Air : *Ah! le bel oiseau, maman!*

Puis, j' vois Monsieur d'Artagnan
Avec un aut' mousquetaire,
Qu'ils entrent, flamberge au vant,
En crand' tenu' de gue-er-re,

— « Que me veul'nt ces intrigants?
Dit Barbe-bleu... de colère. »
— Nous v'nons te percer le v'lanc,
Tépéch' vous ; fais ton brière !
(*Enchaînez à l'air suivant.*)

Air : *On va lui percer le flanc.*

D'estoc et de taill', frappant,
En plein plan,
Par terrière
Gomm' par devant ;
Ils le laissent sur le flanc,
Ponn' à borter en terre !—

(PARLÉ.) Et une fois la pauvre betite femme délivrée de son crossé Barbe, elle saute au cou des mousquetaires, qu'elle embrasse. Puis, elle offre à l'un son main, à l'autre sa cœur et ils jantent tutes les troiss' en *ghœur*.

Air : *Gai, gai, etc., etc.*

« Gai, gai, mariez-fous,
« Bour être le septième femme
« D'un vieux chaloux d'époux
« Qui les accroche à des clous.

(AU PUBLIC.)

« Si vous afez bien gompris,
« La moral' de ce gros drame,
« Dit : que doit touchours un' femme,
« Opéïr à ses maris !

(*Reprise en dansant*) :

« Gai, gai, etc., etc.
(*Enchaînez avec Larifla, fla fla.*)

PARODIE

Chantée au Café-Concert du *Géant*, par M. BAPTISTE.

Paroles d'Adolphe JOLY.

Air: *Viens donc.*

J' te r'tiens pour la première :
Viens polker, mes amours...
Mam'sell' Belle-Manière
T'en feras donc toujours ?
Vois, le vieux quinquet file,
On l'imite... Jeann'ton:
Tu vois qu' je m'fais d' la bile :
    Va donc !   (*bis.*)

Avec toi, ma cocotte,
Je voudrais bavarder ;
Mais mam'selle tricote,
Et n' veut pas m'écouter.
Pour la gross' Madeleine
Tu remmaill's ce bas long :
Tu f'ras d'main ton bas d' laine.
    Va donc !   (*bis.*)

Chacun—dit le proverbe—
S'amus' comme il l'entend
Viens nous asseoir sur l'herbe,
En riant, en chantant.
J' te racont'rai *Peau d'Ane*,
Tu m' cont'ras *Cendrillon* :
Voici l'heure où l'on flane,
    Va donc !   *(bis.)*

Viens m'en conter, jalouse:
Ah ! ça t' va : t'as souri :
Quand tu s'ras mon épouse,
Je serai ton mari.
Vite un baiser bien tendre...
Oh ! te v'la vermillon :
Au fait, j'peux ben attendre,
    Va donc !   *(bis.)*

Lèv'-toi que j' te contemple : —
Un' rob' jaune, un *Bain d'mer !*
On voit qu' ça sort du Temple,
Mais c'est rupe et pas cher !
J'ai ma grande lévite,
Et mon vieux pantalon :
C'est pour ça qu'on m'évite,
    Va donc !   *(bis.)*

ÉCRIRE FRANCO

A. HURÉ, libraire-éditeur, à PARIS

RUE DAUPHINE, 44, PRÈS LE PONT NEUF

Seul propriétaire des chansons contenues dans l'**Album du Gai chanteur.**

(Reproduction complétement interdite.)

AIMONS, BUVONS
CHANTONS !
ODE ANACRÉONTIQUE.

Paroles de JULES CHOUX, Musique de V. BOULARD.

La Musique se trouve chez **A. HURÉ**, libraire-éditeur à Paris, rue Dauphine, n° 44, près le Pont-Neuf.

REFRAIN :

Aimons, buvons, chantons !
Amis, c'est la sagesse,
Aux glouglous des flacons,
Accordons nos chansons !
Le vin et les amours
Dissipent la tristesse,
Amis, fêtons toujours
Le vin et les amours !...

Voulez-vous ce mot incompris,
Que l'on nomme sagesse ?...
Ne cherchez pas dans les écrits,
Des sages de la Grèce.
Comme moi, riez de Platon,
Narguez le rigide Caton,
Bannissez la tristesse.   (bis.)

    Aimons, etc.

Un buveur n'est jamais méchant :
Il est toujours en fête,
Joyeux, on l'aperçoit chantant
A se rompre la tête.
Il est plus heureux que les rois ;
Et s'il est inquiet parfois,
C'est que la soif le presse.   (bis.)

    Aimons, etc.

Album du Gai Chanteur.   16ᵉ livraison.

Un érudit n'est qu'un faquin,
Qui, de vivre est ind'gne;
Loin de pâlir sur un bouquin,
Couchez-vous dans ma vigne.
Riez du matin jusqu'au soir,
Dormez même sur le pressoir...
Si trop grande est l'ivresse ! (bis.)

  Aimons, etc.

Aussi, vais-je prendre, sous peu,
Béranger pour bréviaire;
Je veux relire au coin du feu
L'art d'aimer et de plaire;
Et je vais demander au ciel
Coupe toute enduite de miel...
Pour boire à ma maîtresse ! (bis.)

  Aimons, etc.

Laissons les faux sages prêcher,
Selon leur fantaisie;
Ensemble, amis, allons chercher
Vin vieux, fille jolie;
Alors, nous oublirons nos maux
Dans les chansons les doux propos:
Le plaisir et l'ivresse. (bis.)

  Aimons, etc.

PIERRE ET PIERRETTE

HISTORIETTE

Par A. M. DÉSAUGIERS,

Air : { *De la Contredanse du* DIABLE-A-QUATRE,
{ ou *du Carillonneur de* BÉRANGER.

REFRAIN.

Tic et tic et tac, et tin, tin, tin,
 Est l' refrain
 De mon cœur et de mon verre ;
Tic et tic et tac, et tin, tin, tin,
 Est l' refrain
 Qui met Pierre
 En train.

Du pays j'arrivais simple et sage,
Grâce aux bonn's leçons de ma mèr'-grand ;
J' v'nais faire mon apprentissage ;
Mais Dieu sait c' qu'à Paris on apprend...
 Tic et tic et tac, etc.

J' voulais n'avoir jamais d'amourette,
Mais chez nous un jour Pierrette vint ;
J' voulais n' boire que d' l'eau, mais Pierrette
Etait fille d'un marchand de vin.
 Tic et tic et tac, etc.

L' jour où j' la vis était un dimanche ;
Elle avait un si joli maintien,
Des ch'veux si noirs, une peau si blanche,
Deux yeux, deux... qu' sais-je ? il n' lui manquait rien.
 Tic et tic et tac, etc.

Ma mèr', comm' c'était l'heure où l'on dîne,
Du dîner l'invite à prend' sa part;
Elle accepte ; on m' la bâill' pour voisine,
Mon cœur s' gonfle, et v'là l' bouchon qui part.
  Tic et tic et tac, etc.

Drès l' premier coup que j' trinquons ensemble
(Ah! mon Dieu! qu' les amoureux sont sots!)
V'là ma main qui tremble, tremble, tremble,
Et mon verre qui s' brise en morceaux.
  Tic et tic et tac, etc.

« Voyez donc la jolie équipée !...
M' dit Pierrette, mais d'un air si doux...
Ma pauv' jupe est-elle assez trempée ?...
Ah! monsieur, si ce n'était pas vous !... »
  Tic et tic et tac, etc.

J' n'avions pas d' gob'lets en abondance,
Et Pierrette m' dit : « Buvez dans l' mien.
J' n'ai pas peur que vous sachiez c' que j' pense,
Car de vous je n' pense que du bien. »
  Tic et tic et tac, etc.

Après l' bœuf, les lentill's et l'om'lette,
On s' lève, et ma belle m' dit en d'ssous :
Tout's les fois qu' vous pass'rez d' vant Pierrette,
Y aura toujours un p'tit coup pour vous.
  Tic et tic et tac, etc.

Le lend'main encor plus chaud qu' la veille,
J' cours chez elle ; l' père était dehors,
Et Pierrette m' donne une bouteille
Dont le vin fait revenir les morts.
  Tic et tic et tac, etc.

J' la débouche ; mais bientôt le père
Nous surprend comme j' nous caressions ;
Moi, j' lui dis, pour arranger l'affaire :
« Excusez, monsieur, c'est que j' trinquions. »
  Tic et tic et tac, etc.

« Vous avez trop bu, sortez de table, »
M' répondit-il en m' montrant les gross's dents.
— Quand on trinque avec un' fille aimable,
Il est permis d' se mettre un peu d' dans.»
  Tic et tic et tac, etc.

V'là-t-il pas qu'il veut m' mettre à la porte...
Mais bernique, avec ça qu' j'étais gris...
« J'ons payé; pourquoi vouloir que j' sorte?
— Tu n'as pas payé tout c' que t'as pris. »
  Tic et tic et tac, etc.

A la fin pourtant j' gagnions au large,
Parc' qu'au fond c'était vrai qu' j'avions tort;
Mais, le soir, je r'venons à la charge,
Et l' pèr' nous prend à trinquer encor.
  Tic et tic et tac, etc.

Un coup d' poing m' jett' sur Pierrette à terre,
L' père sur moi tombe au mêm' moment;
Maman passe, all' voit ça, tomb' sur l' père,
Et tout l' quartier tombe sur maman.
  Tic et tic et tac, etc.

On s' bouscule, on se cogne, on s'estropie:
C'est un r'mu-ménage, un brouhaha!
Chaque homme est un lion, chaqu' femme un' pie,
L'un dit qu' j'ai fai ci, l'aut' qu' j'ai fait ça.
  Tic et tic et tac, etc.

L' père, après ben des cris, ben des bosses
M' dit, m' jetant mon objet dans mes bras :
« D'main j' prétends qu'on goûte l' vin de tes noces;
Puisque tu l'as tiré, tu le boiras. »
  Tic et tic et tac, etc.

« N' faudra pas, morgué! deux fois nous l' dire,
Que j' répliquons tous deux en sautant;
— C' mari-là, moi ça m' va comm' d' la cire.
— C'te femm'-là, moi, ça m' va comme un gant. »
  Tic et tic et tac, etc.

J' saute au cou d' mon biau-père et d' ma mère,
J' saute au cou d' Pierrett', qui me l' rend bien,
J' saute au cou d' tous les témoins d' l'affaire,
Et j' voudrais pouvoir m' sauter au mien.
  Tic et tic et tac, etc.

Dès l' lend'main on patarafe, on danse;
L' surlend'main j' faisons encor mieux qu' ça;
L' jour d'après c' qui s'est fait se r'commence,
Et jour et nuit depuis c' moment-là.
  Tic et tic et tac, etc.

LES AUVERGNATS.

Air : { Eh! ma mère, est-c' que j' sais ça.
ou Il faut r' mercier l' bon Dieu d' tout.

Marchands à la p'tit' semaine,
Grugeant petit à petit :
Vendr' du coton pour d' la laine,
D' la finett' pour du coutil ;
Ils vendraient jusqu'à leur père,
Car gagner c'est leur état...
Moi, j' voudrais qui n'y eut sur terre
Rien qu' des homm's, pas d'Auvergnats ! (bis.)

Entre Auvergnats, leur système
Est de n'aimer que l'argent ;
La femme, cett' moitié d' nous-même,
Ne les tent' pas trop souvent.
Comment n' seraient-ils pas riches ?
Le bien vient aux plus rapias...
On devrait bâtir des niches
Pour mettr' tous les Auvergnats. (bis.)

L'autre fois, ma chambrière
Me dit : J' vais me marier
Avec le fils d' la portière
Qu'est retameur-chaudronnier.
Ce garçon, que l'on renomme,
Est très-fort... sur son état...
Et pour voir si c'est un homme,
Moi, j'épouse un Auvergnat. (bis.)

Quand je quitterai la vie,
J' veux mourir en bon chrétien,
A fin qu' partout on publie
Que j' n'ai jamais fait qu' du bien.
D'être au ciel, j'ai l'espérance,
Et, c' qui m' console ici-bas,
C'est qu'on m'a promis d'avance
Qu'il n'y aurait pas d'Auvergnats ! (bis.)

ZIDORE,

CHANSONNETTE.

Paroles de F. VERGERON.

Air : *de Pandore.* (Nadaud.)

Deux ivrognes, un beau dimanche,
Revenaient gaîment de Saint-Ouen;
Rentrant, par la barrière Blanche,
Tous deux raisonnaient en chemin :
— Dieu créa la femm' qu'on adore
Exprès pour garder la maison.
— Pour c' qu'est d'ça,—répondit Zidore, ⎫
Pour c' qu'est d'ça, mon vieux, t'as raison! ⎬ *bis.*

— Quand l'homme, au bout de la semaine,
Rentre et rapporte son argent,
Il doit, pour le prix de sa peine,
Boire un petit coup, c'est urgent;
Et si la femm' fait la pécore,
All' doit pas prendr' le bâton.
— Pour c' qu'est d'ça, etc.

— N' promets jamais rien à ta femme,
Si tu n'es pas sûr de tenir ;
Sinon, tu verras que la dame
Saura t'en faire souvenir.
La paix, c'est comme un météore,
Qu'on n' voit jamais qu'à l'horizon...
Pour c' qu'est d'ça, etc.

Les voilà faubourg Poissonnière,
Tous deux festonnant le trotoir ;
Quand il leur tomb', d'une gouttière,
Quéqu' chos' qu'on ne jett' que le soir.
— Ce n' sont pas les pleurs de l'aurore,
Si je n' me tromp', ça n' sent pas bon !
— Pour c' qu'est d'ça, etc.

— On prétend, et c'est chose sûre,
Que l' vin pour l'homme est un soutien :
Qué drol' de chos' que la nature :
Tant pus j'n bois, tant moins qu' je m' tient.
L' diabl' m'emporte, si j'en bois encore...
Ça m' brûl' là dedans comme un poison...
Pos' ça là, répondit Zidore, ⎫
Pos' ça là, l' long de c'te maison. ⎬ *bis.*

Plus rien ne troubla le silence,
Si c' n'est un sourd vagiss'ment ;
Nos deux ivrognes par prudence,
S'acroupir'nt dans un renfonc'ment :
— Tiens, dit l'un, j' march'rais bienencore,
Mais j' préfère attend' ma maison...
— Pour c' qu'est d'ça, etc.

LA
NOUVELLE FAVORITE.

Air : { *Viens, viens, je cède éperdue.*
{ *Souvenir, tu viens rendre à mon cœur.*

Du sultan qui commande en ces lieux,
   Je suis la souveraine. (*bis.*)
Cependant, mon cœur est soucieux :
   L'amour jaloux m'enchaîne,
   Ah ! j'avais rêvé mieux !
Que me font et richesse et grandeur ?
Ce qu'il faut, ce qu'il faut à mon âme,
Ah !... c'est un cœur qui réponde à ma flamme ;
   C'est un cœur pour mon cœur ! (*bis.*)

Certain soir, dans un riant bosquet,
   Un gentil capitaine, (*bis.*)
Au récit de mes chagrins secrets,
   M'a, pour calmer ma peine,
   Juré qu'il m'adorait.
C'est depuis ce moment de bonheur,
Que mon âme à l'espoir s'abandonne...
Ah !... car je l'aime et je n'ambitionne,
   Que son cœur pour mon cœur. (*bis.*)

Reine esclave, à quoi sert la beauté ?
   Ma vie est un mélange (*bis.*)
De douleur, d'ennui, de volupté...
   Il faut que mon sort change :
   Je veux la liberté !
A t'aimer, je mets tout mon bonheur,
Viens à moi, viens, mon beau capitaine,...
Ah !... fuyons loin de la rive africaine :
   Je te donne mon cœur,
   Ah ! prends mon cœur pour ton cœur !

                      JULES CHOUX.

ON VERRA
C' QUE ÇA D'VIENDRA.

AIR : *Fille avant le mariage.*

J'avais composé sans peine
La moitié de ma chanson,
Quand je sentis dans ma veine
Circuler certain frisson ;
Il me vint à la pensée
De laisser ma chanson là.
Bah !... puisqu'on l'a commencée,
Mordienne... on la finira...
    On verra, (*bis.*)
On verra c' que ça d'viendra.

Il nous pleut des libellistes,
Il nous pleut des romanciers,
Il nous pleut des journalistes,
Il nous pleut des chansonniers.
Pour arriver au Parnasse
C'est à qui se poussera
Hélas ! malgré tant d'audace.
Suivons bien tous ces gens-là.
    On verra, (*bis.*)
On verra c' que ça d'viendra.

Lise était vive et badine,
Lise devrait l'être encor ;
Elle est rêveuse et chagrine
Depuis qu'elle a vu Victor.
Hélas ! si quelqu'un en raille,
Peut-être on la blâmera...
Mais, en regardant sa taille,
A part soi, chacun dira :
    « On verra, (*bis.*)
« On verra c' que ça d'viendra. »

Le jour de son mariage,
Lucas, qui loge au grenier,
Roule d'étage en étage,
Jusqu'au bas de l'escalier.
Lucas se fait à la tête
Des bosses par-ci, par-là...
Et dit en levant la crête :
« Eh quoi! des bosses déjà !
      On verra, *(bis.)*
On verra c' que ça d'viendra.

J'entends chacun à la ronde,
Dans plus d'un propos banal,
Nous répéter que le monde
Va de plus mal en plus mal ;
Puisque de cette manière
Depuis cinq mille ans il va,
Pourquoi se mettre en colère ?
Laissons-le comme cela ;
      On verra, *(bis.)*
On verra c' que ça d'viendra.

Lorsque nous sommes à table,
A faire un joyeux repas,
J'aime quand d'un air aimable
Notre hôte me dit tout bas :
« Voulez-vous une bouteille
« D'un vin qui vous séduira ?
« Parbleu ! lui dis-je à l'oreille,
« Sur-le-champ débouchez-la...
      On verra, *(bis.)*
On verra c'que ça d'viendra.

Loin d'avoir la folle envie,
Loin de chercher le moyen
De connaître après la vie
Ce que notre âme devient,
Il faut vivre exempt de blâme
Aimer, boire, *et cœtera* ;
Et puisqu'on doit rendre l'âme,
Ma foi! quand on la rendra,
      On verra, *(bis.)*
On verra c' que ça d'viendra.

N. BRAZIER,

BONHEUR, AMOUR ET GLOIRE.

CHIMÈRES.

Air: *D'El Karoubi, ou le Poète arabe,*
ou *Fleur de l'Ame.*

J'avais mis mon bonheur aux mains de la fortune,
Qui, m'excitant au jeu, m'emporta beaucoup d'or ;
Le reste disparut chez la blonde et la brune,
Qui, le faisant rouler, certes n'eurent pas tort.

REFRAIN.

A table, et verre en main, ensemble, camarade,
    Oublions le chagrin,
    Et, nargue du destin !
Opposons en buvant une pleine rasade,
    Au fâcheux souvenir,
    L'espoir dans l'avenir.

J'avais mis mon amour aux pieds d'une Lisette,
Et voulais, par l'hymen, assurer son bonheur ;
Mais un autre lui p.ût.., et, bientôt la coquette,
Emporta mon amour, mes projets et mon cœur.
    A table, etc.

J'avais rêvé la gloire, — aux grands jours de bataille,
Et, voulant l'acquérir, même au prix du trépas,
Je montrai mon courage au fort de la mitraille :
Un autre en eût l'honneur, qui ne combattait pas.
    A table, etc.

L'Amour, l'ambition, la femme et l'or, chimères !
Fantômes décevants, corps sans âme et sans cœur ;
La gloire seule est là... qui sourit dans nos verres,
C'est l'âme d'un vin pur, qui donne le bonheur !...
    A table, etc.

                JULES CHOUX.

Paris, A. HURÉ, éditeur et seul propriétaire,
rue Dauphine, 44, près le Pont-Neuf.

---

*Tout exemplaire non revêtu du timbre de l'éditeur
sera poursuivi comme contrefaçon.*

Paris. — Typ. CHAUMONT et COPIN, 6, rue Saint-Spire.

MAURE ET CAPTIVE

ROMANCE.

Paroles et Musique de

MELCHIOR DESTRES.

La Musique se trouve chez **A. HURÉ**, libraire-éditeur à Paris, rue Dauphine, n° 44, près le Pont-Neuf.

Ne pleure plus, vierge de France,
Sur ton pays tant regretté ;
Ouvre ton cœur à l'espérance,
Pars, je te rends la liberté !
Que Dieu te guide et te protège ;
Va-t'en bien loin, bien loin de moi !
Ta voix me rendrait sacrilège,
Et j'oublirais mon Dieu pour toi.
Ce Dieu que tu blasphèmes,
M'ordonne d'être humain ;
Mais, quand tu seras loin,   (bis.)
Pense à moi, si tu m'aimes,
   Si tu m'aimes.

Sous le beau ciel qui t'a vu naître,
Va dire au Dieu de ton pays
Que j'aurais pu parler en maître,
Et qu'en esclave j'obéis !

Album du Gai chanteur.   17e Livraison.

Mais, tu l'as dit, tout nous sépare;
C'était écrit : il faut partir!
Oh! ma raison déjà s'égare !
Pour moi, la tombe va s'ouvrir.
A ces adieux suprêmes,
Mon cœur faiblit, hélas!
Ne m'abandonne pas,   (bis.)
Par pitié! si tu m'aimes,
    Si tu m'aimes.

Oh! reste encor, belle chrétienne ;
Vois ton esclave à tes genoux;
Laisse ma main presser la tienne,
Ton Dieu n'en sera pas jaloux.
Mais sur mon front tombe une larme,
Et cette larme, elle est de toi !
Oh! c'en est fait, ce dernier charme,
En triomphant, change ma foi.
Le plus doux des baptêmes,
Par toi, me fait chrétien.
Que ton Dieu soit le mien!   (bis.)
Tes pleurs l'ont dit (bis) : tu m'aimes!
    Oui, tu m'aimes!

LE VIN BLEU DU PÈRE MICHEL.

Air : *Et plus d'un Maréchal de France.*

O toi ! qui, même à la campagne,
Veux avoir le cœur réjoui,
Par le Bordeaux ou le Champagne,
Crains d'être trop vite ébloui
Par l'air de la tour de Crouy (1).
Le vin blanc, dans ce maudit bouge,
Tombe tout préparé du ciel,
Et l'on y boit pour tout vin rouge,
Le vin bleu du père Michel } *bis.*

Quiconque aime à boire rasade,
Doit craindre aujourd'hui pour le vin :
La vigne est, dit-on, si malade,
Que, malgré l'art du médecin,
Partout manquera le raisin.
Bah ! le raisin, dans cette affaire,
N'est pas le point essentiel :
Qu'en est-il donc besoin pour faire
Le vin bleu du père Michel ? } *bis.*

Je ne sais plus à quelle date
L'histoire cite, avec raison,
Le courage du grand Socrate,
Qui, calme, au fond de sa prison,
Vida sa coupe de poison.
Mais ce fait, quoique méritoire,
Vaut-il donc l'acte du mortel
Assez intrépide pour boire
Le vin bleu du père Michel ? } *bis.*

Aussi, voyant la concurrence
Qu'il fait à l'huile de ricin,
Chaque apothicaire de France
Vient de concevoir le dessein
De dénoncer ce mauvais vin.
Car nul produit d'une officine
Ne peut, le fait est trop réel,
Egaler, comme médecine,
Le vin bleu du père Michel. } *bis.*

J.-C. GAGNEUR.

LA FIANCÉE.

Air : *Si le bon Dieu faisait parler les fleurs.*

De blanches fleurs, amour, parez ma tête ;
Ornez mon front de ce tissu léger ;
Riants zéphirs, quand mon hymen s'apprête,
Autour de moi vous semblez voltiger.
Du tourtereau l'harmonieux langage
Me vient promettre un destin plein d'appas ;
Avec bonheur j'accepte ce présage :
Gentils zéphirs ne vous éloignez pas !

Restez, restez, c'est une fiancée,
A deux genoux, qui vous conjure ici ;
Car trop longtemps son âme fut froissée
Par les chagrins et par le noir souci.
Lorsqu'un beau jour se lève enfin pour elle,
Saluez-le, dans vos joyeux ébats ;
Forcez l'amour d'être toujours fidèle :
Gentils zéphirs ne vous éloignez pas !

De l'intérêt, brisez la coupe amère,
Car devant lui toujours fuit le bonheur ;
Qu'auprès de moi jamais son front sévère
De l'amitié n'altère la douceur.
Mais, qu'ai-je vu ? l'autel enfin s'apprête,
Avec transport l'amour guide mes pas ;
Et quoique faible, alors ma voix répète :
Gentils zéphirs, ne vous éloignez pas !

ALEXANDRE TAILLAND

LES AVEUX D'UNE PORTIÈRE

PARODIE.

Air : *Ce que j'aime.*

J'aime les bavardages,
Les ragots, les cancans ;
J'aime, dans les ménages,
N' voir ni d' chiens ni d'enfants.
J'aime aussi boir' la goutte,
Quand j'ai pris mon p'tit noir ;
J'aime, coûte que coûte,
Qu'on m' laiss' dormir le soir.

   Mais j'aime à la folie,
   Une bête, un chat à l'œil doux ;
   Quand je le vois, j'oublie   (*bis.*)
   Mes s'rins et mon époux.

J'aime beaucoup la bonne
Qui, pour moi, chipp' du vin ;
J'aim', quand ma soupe mitonne,
Y trouver du gratin.
J'aim' que ma tabatière
Regorge de tabac ;
J'aime, foi de portière,
Le troubl' et le micmac.

   Mais j'aime, etc.

J'aime le locataire
Qui rentre avant minuit ;
J'aim' le célibataire
Qui décemment s' conduit.
J'aime à faire le ménage
De la p'tit' dam' du s'cond,
Dont le mari voyage
Et dont l' cousin est blond.

   Mais j'aime, etc.

J'aim' que l'on soit honnête,
Qu'on me bourr' de douceurs ;
J'aim', le jour de ma fête,
Qu'on m' donn' de grands pots d' **fleurs**.
J'aim' devant la ch'minée
Me chauffer les mollets ;
J'aim', à la fin d' l'année,
R'cevoir beaucoup d' jaunets.

   Mais j'aime, etc.

J. DE BLAINVILLE.

LE GRAND PETIT-POUCET,

TOUR DE MAROTTE, EN 34 COUPLETS,

Sur un Conte de PERRAULT,

par JULES CHOUX.

―――◊―――

AIR : *Il était un p'tit homme.*

Il était un p'tit homme,
Si p'tit, qu'on l'appelait :
  P'tit Poucet.
Or vous allez voir comme
Il avait de l'esprit,
  Ce petit :
  Il devinait tout,
  Il prévoyait tout.
Ah ! quel gaillard c'était
Que ce p'tit Pou (*bis*), que ce petit Poucet.

AIR : *Du Curé de Pomponne.*

Le père de notre héros
Était dans la misère ;
Le produit de ses travaux
N'offrait que maigre chère.
Comment faire, hélas ! pour fournir
  Au loyer d' sa cabane,
Avec sept enfants à nourrir...
  Lui, sa femme et... son âne ?

AIR : *Du roi d'Yvetot.*

Il conçut alors un projet
  Qu'il soumit à la mère...
C'était d'perdre dans la forêt
  Poucet et ses six frères.
Mais le p'tit Poucet qu'était là,
A part lui, se disait comm' ça :
  Oui-da,
Oh ! oh ! oh ! oh ! ah ! ah ! ah ! ah !
L' joli projet qu' papa tient là, 'là là.

AIR : *Sur l'air du tralala.*

L' bûch'ron au point du jour éveille ses marmots,
Pour aller avec lui dans l' bois faire des fagots ;
Il leur donne à chacun un morceau de pain bis,
Et leur partage en sept... un' botte de radis.
    Sur l'air du tralala, etc. (*bis.*)

Ce repas copieux eut lieu d' les étonner ;
Jamais ils n'avaient fait un si bon déjeuner.
Ne se doutant de rien, tous gais comme pinson,
Ils partent en chantant leur joyeuse chanson
    Sur l'air du tralala, etc. (*bis.*)

AIR : *Larifla fla fla.*

    Mais le petit Poucet,
    Qui connaissait l' secret,
    Tout le long du chemin
    Avait semé son pain.
Disant : quand papa chez lui rentrera,
    Surpris, il dira :
    Larifla fla fla. (*ter.*)

AIR : *Bon voyage, M. Dumolet.*

Puisque nous voici dans le bois.
Montrons du cœur, du courage
    A l'ouvrage.
Ce n'est pas la première fois
Qu'avec du fer nous avons fait du bois.

Pendant qu' ses fils entamaient un gros chêne,
Le bûcheron profita de l'instant...
Sans être vu, se sauva... non sans peine,
Et les enfants disaient, en travaillant :

AIR : *Connu, connu, mon père.*

    Qu'est devenu not' père,
    Est-il chez notre mère ?
    Ou bien a-t-il des loups
    Été croqué près de nous ?

AIR : *Tenez, moi, je suis un bonhomme.*

— Moi qui suis malin comme un diable,
Leur répond le petit Poucet ;
Hier, je m' suis glissé sous la table,
Afin d' surprendre un grand secret.
Voilà pourquoi, coûte que coûte,
C' matin je déchirais mon pain ;
Je l'ai semé tout l' long d' la route, } *bis.*
Ça nous f'ra r'trouver not' chemin.

AIR : *Troula la.*

Nos marmots cherchent partout,
Et ne trouvent rien du tout.
Le pain qu' Poucet avait j'té
Les moineaux l'avaient becq'té.
    Troula la (*bis*), etc.

AIR : *Du Bâilleur éternel.*

Ah ! ah ! ah ! ah ! ah ! ah !
Comment faire, hélas !
Pour retrouver nos père et mère ?
Ah ! ah ! ah ! ah ! ah ! ah !
Comment faire, hélas !
Pour sortir de ce mauvais pas.
Voyant leur douleur amère,
P'tit Poucet, sans s'effrayer,
Grimpe sur un peuplier,
Pendant qu'ils étaient à faire...
Ah ! ah ! ah ! etc.

AIR : *Messieurs les Étudiants...*

— De si haut, c'est certain,
Tu dois voir, petit frère,
Quelque chos' dans l' lointain ?
— Oui, j' vois une lumière...
Là-bas, là-bas,
Dirigeons-y nos pas.
Eh ! you, piou, piou, trala la la la (4 fois.)

AIR : *Au clair de la lune.*

Au clair de la lune
Les enfants marchaient ;
Bientôt ils s' trouvèrent
Près d'un' grand' maison.
D'avoir un asile,
Qu'ils étaient heureux !...
Poucet de la porte
Saisit le marteau.

AIR : *Pan, pan, est-ce ma brune ?*

Pan, pan, — à notre porte, —
Pan, pan, — qui frappe ainsi ?
— Nous frappons de la sorte —
Pour qu'on nous ouvre ici.
— Chez nous qui vous fait donc venir ?
Leur crie une vieille édentée.
D' cette maison, quand on a l'entrée,
On n'en peut plus jamais sortir.
Pan, pan, etc.

AIR : *V'là e' que c'est qu' d'aller au bois.*

Ah ! mes pauvres petits enfants,
Que vous êtes tous imprudents...
Vous comptiez, quittant votre père,
Faire ici bonn' chère ;
Et loin d' vous satisfaire,
L'Ogre n' f'ra de vous qu'un coup d' dents
N' fallait pas vous mettr' dedans.

AIR : *Et zic et zoc,* etc.

On frappe... un coup, deux coups, trois coups.
L'Ogresse en tirant les verroux !
Leur dit :— Vite, cachez-vous,
Car il va vous manger tous.

Sous le lit et sous les tables
Se fourrent les pauvres diables,
N'osant même respirer.
L'Ogresse, en ouvrant la porte,
Était pâle comme un' morte;
Car on entendait jurer :
— Ah! sacrebleu! ah! ventrebleu!
De pousser je suis tout en feu;
Ouvre la porte... ou morbleu!
Tu ne verras pas beau jeu.

Air : *Daignez m'épargner le reste.*

L'Ogre, prenant sa grosse voix,
Se met à bougonner sa femme ;
Les sept moutards, pour cette fois,
Crurent qu'ils allaient rendre l'âme.
La frayeur si fort les surprit,
Que, n'osant risquer l' moindre geste,
Dans sa culotte chacun fit...
Ah ! daignez m'épargner le reste.

Air : *La Bonne aventure, ô gué !*

L'Ogre dit : — la bonne odeur !
 Ça sent la chair fraîche !
La femme dit : — Quelle erreur !—
 — Ça sent la chair fraîche !
— Ton odorat est changé...
 Car ton nez a mal jugé —
— Ça sent la chair fraîche, ô gué.
 Ça sent la chair fraîche ! —

Air : *C'est la mèr' Michel.*

Le goulu d' chair fraiche avait grand appétit ;
Sans plus tarder il va chercher dessous le lit :
Il en tire un par un les fils du bûcheron,
Lesquels, en le voyant, disent pour tout de bon :

Air : *Ah! c' cadet-là, quelle tête il a.*

Ah ! c' t' Ogre-là, quell' gueule il a !...
Ah ! c' t' Ogre-là, quell' bouche !...
D'un coup d' dent il nous croquera...
 Voyez quel air farouche !
 Quell' bouche ! (*ter*).

Air : *Mon père était pot.*

Puisque d'main je donne à dîner
A sept ou huit confrères,
J'aurai, les f'sant assaisonner,
Sept plats extraordinaires :
 Deux aux champignons,
 Deux aux p'tits oignons,
L' repas s'ra sans reproche ;
 Et pour en finir,
 On fera rôtir
 Les autres à la broche.

AIR : *A la façon de Barbari.*

Il appelle ses marmitons
Et son chef de cuisine ;
Il leur dit : D' chacun d' ces garçons
Fait's un plat qu'ait bonn' mine.
Montrant Poucet, notre glouton,
La faridondaine, la faridondon,
Dit : Tu m'arrang'ras celui-ci, biribi,
A la façon de Barbari, mon ami.

AIR : *De l'écu de six francs.*

L'Ogre était, dans l' siècle où nous sommes,
Connu pour le roi des gourmands :
A force de manger les hommes,
Il avait usé tout's ses dents.
Mais ce qu'ignoraient les enfants,
C'est qu'il s'était, suivant la mode,
Fait faire un râtelier d' grand prix,
Au Palais-Royal, à Paris, ⎱
Chez le fameux Désirabode ⎰ *bis.*

|AIR : *Du trala, la, la.*

A table, à table, à table ;
Dit-il de sa gross' voix ;
Ce repas délectable,
Vous f'ra du bien, je crois.
Avant de vous coucher, n' pas manger s'rait un tort,
Et vous boirez un peu pour oublier vot' sort
Sur l'air, etc.

AIR : *De la petite Margot ou du Sou.*

Pendant l' dîner, Poucet r'marqua qu' les filles
De c' goulu d'Ogre étaient bell's à croquer ;
Il leur avoua qu'il les trouvait gentilles...
Ell's répondir'nt qu'ils étaient à r'marquer.

A cet effet, on mit un bonnet rouge
A chaq' garçon avant d'aller dormir...
Et p'tit Poucet, qui n'était pas d' Montrouge,
Dit : J' trouv'rai bien le moyen de partir.

Oyant, la nuit, ronfler les jeun's Ogresses,
Il les coiffa, pendant leur doux sommeil,
Des bonnets roug's.... puis riant d' cett' prouesse,
Tous décampaient au lever du soleil.

Il était temps ! — L'Ogre, aidé d' sa mégère,
Tout empressé d' préparer le rata,
Sur ses enfants v'nait brandir sa rapière,
Pour d'un seul coup faire un' chipolata.

L'Ogress' soudain, qui tombe en défaillance,
Lui fait savoir que Poucet l'a joué.
— Corbleu ! morbleu ! ce trait-là cri' vengeance !
Honte et malheur ! les brigands m'ont floué !

AIR : *De Cadet Roussel.*

Il prend sa toque à plumes bleues, } *bis.*
Et met ses bottes de sept lieues,
Disant : — Si là-bas j' les retrouve,
Il faudra bien que je leur prouve,
　　Ah ! ah ! ah ! mais vraiment
　Que je ne suis pas bon enfant !

AIR : *Garde à vous.*

Cachons-nous (*bis*), l'Ogre vient par derrière,
　　A travers la poussière,
　　Frères, le voyez-vous ?
　　　Cachons-nous ! (*ter.*)
　　Ce satané satrape,
　　Bien fin s'il nous attrappe !...
　　Rions de son courroux.
　　　Cachons-nous ! (*ter.*)

AIR : *Du Larifla.*

　Dans le creux d'un rocher,
　Ils purent se nicher ;
　Il était temps, oui-dà !
　Car l'Ogre arrivait là.

AIR : *Bonjour, mon ami Vincent.*

　　L'Ogre, couvert de sueur,
　　Se repose au pied d'un chêne,
　　Disant : Faut avoir du cœur,
　　Pour se donner autant d' peine.
Je ferais bien mieux de lir' mon journal,
Ça coûte moins cher et ça fait moins mal.
En lisant *l' Pays*, ce mossieu sans gêne,
Se met à dormir ; avouez qu'il a tort.
Ah ! c'est un peu fort, oui, c'est un peu fort.
Il dort, mais si bien, qu'il a l'air d'un mort.

AIR : *Turlurette.*

　Pendant ce temps-là, Poucet
　De sa cachette sortait,
　Et sans craindre les calottes,
　　Prit les bottes (*bis*) ;
　D' l'Ogre il prit les bottes.

AIR : *On dit que je suis sans malice.*

— Je suis né pour lui fair' des queues ;
Je tiens ses bottes de sept lieues ;
Mes frères, attendez-moi là ; —
Puis la chaussure il enfila.
— Je crains qu' mes pieds ne les remplissent...
O bonheur ! ell's se rapetissent.
J' dois avoir l'air d'un élégant ;   } (*bis*).
Ces bott's-là me vont comme un gant !

AIR : *Tonton, tontaine, tonton.*

Le p'tit Poucet qui n'est pas bête,
Va trouver la femm' du glouton,
Tonton, tonton, tontaine, tonton ;
Il lui dit : Votre époux s'embête
D'être en ce moment en prison.
 Tonton, etc.

Trois ou quatre de ses confrères
Jaloux d' son titre et de son nom,
 Tonton, etc.
L'ont attiré dans leurs repaires...
Il m'envoi' chercher sa rançon.
 Tonton, etc.

Croyant son mari dans la peine,
L'Ogresse, qui l'aimait, dit-on,
 Tonton, etc.
Donn' sa montr' pour briser sa chaîne,
Avec tout l'or de la maison,
 Tonton, etc.

AIR : *Du Curé de Pomponne.*

P'tit Poucet quand il eut l'argent,
S'en fut trouver ses frères :
— Réjouissez-vous, dit-il, content,
Car j'ai fait nos affaires.
A la maison plus rien n' manqu'ra,
 J'apporte la richesse...
  Ah ! il m'en souviendra,
   L'arira,
 De cette bonne Ogresse !

AIR : *Jeunes filles, jeunes garçons.*

Pour en finir, nos sept enfants
Rentrent au lieu de leur naissance,
Ils y vivent dans l'opulence
Avec la bourse des méchants,
Dormant comm' les marmottes.
Laissons notre Ogre là ;
Quand il se réveill'ra ;
Il pourra s' fâcher à
 Propos d' bottes. (*bis.*)

AIR : *Alleluia.*

J' pourrais terminer en anglais,
En grec, latin, même en français ;
J'aim' mieux finir en auvergnat :
 Alléluigna.

Paris, A. HURÉ, éditeur et seul propriétaire
rue Dauphine, 44, près le pont Neuf.

---

*Tout exemplaire non revêtu du timbre de l'éditeur
sera poursuivi comme contrefaçon.*

Paris. — Typ. BEAULÉ, 10, rue Jacques de Brosse.

GRANDES VÉRITÉS.

AIR : *Aussitôt que la lumière.*

Oh ! le bon siècle, mes frères,
Que le siècle où nous vivons !
On ne craint plus les carrières
Pour quelques opinions.
Plus libre que Philoxène,
Je déchire le rideau :
Coulez, mes vers, de ma veine ;
Peuples, voici du nouveau.

La chandelle nous éclaire ;
Le grand froid nous engourdit ;
L'eau fraîche nous désaltère ;
On dort bien dans un bon lit.
On fait vendange en septembre ;
En juin viennent les chaleurs ;
Et quand je suis dans ma chambre,
Je ne suis jamais ailleurs.

Rien n'est plus froid que la glace ;
Pour saler, il faut du sel.
Tout fuit, tout s'use et tout passe ;
Dieu lui seul est éternel.
Le Danube n'est pas l'Oise ;
Le soir n'est pas le matin ;
Et le chemin de Pontoise
N'est pas celui de Pantin.

Le plus sot n'est qu'une bête ;
Le plus sage est le moins fou ;
Les pieds sont loin de la tête,
La tête est bien près du cou.
Quand on boit trop, on s'enivre ;
La sauce fait le poisson ;
Un pain d'une demi-livre
Pèse plus d'un quarteron.

Album du Gai Chanteur.   18e livraison.

Romu'us a fondé Rome ;
On se mouille quand il pleut ;
Caton fut un honnête homme ;
Ne s'enrichit pas qui veut.
Je n'aime point la moutarde
Que l'on sert après dîner ;
Parlez-moi d'une camarde
Pour avoir un petit nez.

Quand un malade a la fièvre,
Il ne se porte pas bien ;
Qui veut courir plus d'un lièvre
A coup sûr n'attrappe rien.
Soufflez sur votre potage,
Bientôt il refroidira ;
Enfermez votre fromage,
Ou le chat le mangera.

Les chemises ont des manches ;
Tout coquin n'est pas pendu ;
Tout le monde court aux branches
Lorsque l'arbre est abattu.
Qui croit tout est trop crédule ;
En mesure il faut danser ;
Une écrevisse recule
Toujours au lieu d'avancer.

Point de mets que l'on ne mange,
Mais il faut du pain avec ;
Et des perdrix sans orange
Valent mieux qu'un hareng sec.
Une tonne de vinaigre
Ne prend pas un moucheron ;
A vouloir blanchir un nègre
Le barbier perd son savon.

On ne se fait pas la barbe
Avec un manche à balais ;
Plantez-moi de la rhubarbe,
Vous n'aurez pas de navets.

C'était le cheval de Troie
Qui ne buvait pas de vin ;
Et les ânes qu'on emploie
Ne sont pas tous au moulin.

J'ai vu des cailloux de pierre,
Des arbres dans les forêts,
Des poissons dans la rivière,
Des grenouilles au marais.
J'ai vu le lièvre imbécile
Craignant le vent qui soufflait,
Et la girouette mobile
Tournant au vent qui tournait.

Le bon sens vaut tous les livres ;
La sagesse est un trésor ;
Trente francs font trente livres ;
Du papier n'est pas de l'or.
Par maint babillard qui beugle
Le sourd n'est point étourdi ;
Il n'est rien tel qu'un aveugle
Pour n'y voir goutte à midi.

Ne nous faites pas un crime
De ces couplets sans façon :
On y trouve de la rime
Au défaut de la raison.
Dans ce siècle de lumières,
De talents et de vertus,
Heureux qui ne parle guères,
Et qui n'en pense pas plus !

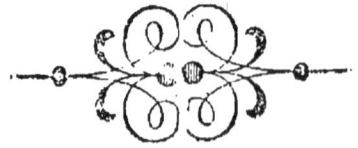

LES DEUX AMOURS,

Poésie d'HÉGÉSIPPE MOREAU.

Pourquoi donc, jeune Laïs,
Rêveuse au bord de ma couche,
Sur mes amours au pays
M'interroger bouche à bouche ?
J'ai, pour eux, dans nos déserts
Chanté sur toutes les notes...
Mais, à propos de mes vers,
Faites donc vos papillotes.
Vous soupirez, et pourquoi ?
    Riez vite,
    Ma petite :
Vous soupirez, et pourquoi ?
Riez vite, et baisez-moi.

Une ange sut me charmer,
Une ange au cœur pur et tendre ;
De loin, content de l'aimer,
De la voir et de l'entendre,
Je la suivais sans repos,
Et mes lèvres enfantines
Baisaient sa trace... A propos,
Délacez donc vos bottines.
    Vous soupirez, etc.

De sa bouche quand j'ai su
Obtenir enfin : je t'aime !
Les mains jointes j'ai reçu
Son baiser comme un baptême;
J'ai, le front sur ses genoux,
Prié des heures entières...
A propos, qu'attendez-vous ?
Otez donc vos jarretières...
   Vous soupirez, etc.

Oh ! si j'avais par hasard,
Effleuré de mon haleine,
Profané de mon regard
Son sein rond sous la baleine,
J'aurais dit cent fois : Pardon,
Moi, bâtard de Diogène...
A propos, débouclez donc
La ceinture qui nous gêne.
   Vous soupirez, etc.

Ces beaux jours sont envolés :
Que le souvenir en meure !
Lorsque vous me consolez,
Peut-être qu'en sa demeure,
Hélas ! son oubli m'absout
De mon plaisir infidèle :
Amours purs, croyances, tout
S'éteint... soufflez la chandelle.
Vous soupirez et pourquoi ?
   Riez vite,
   Ma petite :
Vous soupirez, et pourquoi ?
Riez vite, et baisez-moi.

LES GAIS PIPEAUX.

Air : nouveau

REFRAIN.

Allons, gais pipeaux,
Plus de mélancolie,
Enfants de la folie
Aguez vos grelots.

} bis.

Gais momusiens, plus de crainte ni gêne,
Et de nos maux sachons bannir la peine,
Quand on est mort, Lésangiers nous a dit :
C'est pour longtemps, ainsi donc, mes amis.
    Allons, gais pipeaux, etc.

Disciples de Bacchus, partisans de Silène,
Versez, amis, versez à tasse pleine,
Énivrons-nous, morbleu, et nous ne verrons pas
Tous les abus qui se font ici-bas.
    Allons, gais pipeaux, etc.

Pour mettre un terme aux tourments de la vie,
Foulons aux pieds la discorde et l'envie,
Fuyons l'ambitieux qui cherche les grandeurs.
D'un frère malheureux allons sécher les pleurs.
    Allons, gais pipeaux, etc.

Plus de combats, d'émeute populaire,
Ne nous battons, amis, qu'à coup de verre,
Dans ces combats, témoins de nos succès,
L'on ne voit pas couler le sang français,
    Allons, gais Pipeaux, etc.

Le vin et la chanson, voilà notre devise,
L'amour et l'amitié, voilà notre franchise,
Jouissons, mes amis, le temps est incertain,
Qui peut savoir si nous vivrons demain.
    Allons, gais pipeaux, etc.

                        COELINA.

UN BON VIEILLARD.

AIR : { *A cinquante ans.*
{ *Muse des bois et des accords champêtres.*

O bon vieillard, en voyant notre joie,
Ton front ridé rayonne de bonheur ;
Dans notre vin ta tristesse se noie,
A notre aspect s'épanouit ton cœur.
Trinquons, trinquons, viens, approche ton verre ;
A tes plaisirs, à tes amours, buvons !
Amis, dansons, autour de notre père,
Et chantons-lui nos plus douces chansons !   (*bis.*)

Las ! comme nous, jadis, on le vit boire
Et couronner de roses ses cheveux ;
Avec Piron, il a chanté Grégoire,
Les folles nuits, les faveurs et les jeux !
Plus d'une fois des jardins de Cythère,
Il a foulé les fleurs et les gazons.
Amis, dansons autour de notre père
Et chantons-lui nos plus douces chansons !   (*bis.*)

Il a souvent bravé verroux et grilles,
Fait enrager les pères, les époux,
Et composé, pour les rieuses filles,
Tendres sonnets, rondeaux, couplets bien doux !
Dans son quartier, il n'était pas de mère
Qui, le voyant, n'éprouvât des frissons...
Amis, dansons autour de notre père,
Et chantons-lui nos plus douces chansons !   (*bis.*)

Puis il a vu ce temps de notre histoire
Où tous les fronts s'inclinaient devant nous ;
Il fut témoin de ces beaux jours de gloire
Où tant de rois tombaient à nos genoux !
Il fut aussi dans cette grande guerre
Où tout, hélas ! périt sous les glaçons !
Amis, dansons, autour de notre père,
Et chantons-lui nos plus douces chansons !   (*bis.*)

      JULES CHOUX.

PARTANT POUR LA SYRIE

CHANT NATIONAL.

Paroles et Musique de la Reine HORTENSE.

La Musique se trouve chez **A. BEURÉ**, libraire-éditeur à Paris, rue Dauphine, n° 44, près le Pont-Neuf.

Partant pour la Syr'e,
Le jeune et beau Dunois
Venait prier Marie
De bénir ses exp'oits.
Fa tes, Reine immortelle,
Lui dit-il en partant,
Que j'aime la plus belle,
Et sois le plus vaillant!

Il trace sur la pierre
Le serment de l'honneur,
Et va suivre à la guerre
Le comte son seigneur ;
Au noble vœu fidèle,
Il dit en combattant:
Amour à la p us belle,
Honneur au plus vaillant.

On lui doit la victoire.
Vraiment, d t le seigneur,
Pu'sque tu fais ma gloire,
Je ferai ton bonheur.
De ma fille Isabelle,
Sois l'époux à l'instant,
Car elle est la p'us belle,
Et toi le plus vaillant.

A l'autel de Marie
Ils contractent tous deux
Cette union chérie.
Qui seu'e rend heureux.
Chacun dans la chapelle,
Disait en les voyant :
Amour à la plus belle,
Honneur au plus vaillant!

LETTRE D'UN CONSCRIT A SON PÈRE.

Modèle de style épistolaire.

Pot-pourri par ÉMILE CARRÉ.

Air : *Mon p'tit papa, c'est aujourd'hui ta fête.*

Mon cher papa, ça l' tourment'ra peut-être,
C' que j' vas y apprend' est assez délicat ;
Posons la date en tête de ma lettre :
Là, c'est fini… à présent je m'en vas mettre
Mon cher papa ! mon cher papa !

Air : *La faridondaine, la faridondon.*

La présente est pour m'informer
D' la santé d' votr' personne ;
Tant qu'à moi, j' peux vous affirmer
Que la mienne est très-bonne,
Si c' n'est que je suis en prison ;
  La farido daine, la faridondon,
C'est pas pour du', mais j' suis puni.
     Biribi,
  A la façon de Barbari, mon ami.

Air : *De la complainte du Juif-Errant.*

  Il faut que j' vous apprenne,
  Comment est-c' que ça s'est fait,
  C'est qu' j'ai pour capitaine
  Un drôl' de pistolet.
  Jamais vous n'avez vu
  Un homme aussi bourru

Air: *Mallbroug s'en va-t-en guerre.*

C'est en faisant la guerre,
Mironton, ton ton, mirontaine,
C'est en faisant la guerre,
Qu'il s'est tant endurci *(ter)*.
Il est tell'ment sévère,
   Mironton, ton ton, mirontaine,
Il est tell'ment sévère,
Qu'il m'a causé ainsi *(ter)*.

Air : *Des trois Couleurs*

Jeune soldat, versez à votre masse,
Ou redoutez mon terrible courroux,
La peine ici suit de près la menace,
Ainsi versez, ou je tombe sur vous.
Si vous restez tranquille et pacifique
Peut-être un jour serez-vous... caporal ;
Mais, voyez-vous, si vous êtes pratique,
Je vous envoie *(bis)* où campe le chacal.

Air : *C'est la mèr' Michel qu'a perdu son chat.*

— J'aim' pas la carotte,
Qui m'a dit comm' ça,
Prenez bien en note
Tout c' que j' vous dis là.
— J'ai tout retenu,
Que j' lui ai répondu ;
Allez mon capitaine,
Vot' temps n'est pas perdu.

Air : *Au clair de la lune.*

Mais c'est inutile
D' crier pour si peu,
Laissez-moi tranquille
Pour l'amour de Dieu.
Quoiqu' mon pauvre père
N'ait point d' l'argent de trop,
Si c'est nécessaire
J' vas y écrire un mot.

Air : { *De toutes les Complaintes.*
{ ou *La Mort de Trestaillon* (BÉRANGER).

J'ai m's la main à la plume,
J'ai mis la plume à la main,
Pour vous parler d' mon chagrin,
D' nos ch'vaux, not' vache et d' mon rhume,
Et vous m'avez répondu
En n' m'envoyant qu'un écu.

Air: *Allons chasseurs, vite en campagne.*

Pour satisfaire un pareil homme,
Qu' est-ce qu' c'est qu'un p'tit écu tout rond,
 Ton ton, ton ton, tontaine, ton ton.
Mais en voulant doubler la somme,
V'là qu' j'ai perdu tout au bouchon,
 Ton ton, ton ton, tontaine, ton, ton.

Air : *Ah! comme on allait boire à son cabaret.*

L' caporal m'a vu.
Il l'a dit au sergent d' semaine,
Qui, quand il l'a su,
Est couru l' dire au capitaine ;
Pour lors, celui-ci
M'a d'abord puni,
L' colonel a doublé la dose.
Ainsi vous comprenez la chose :
Dans l'état d' soldat
Ça s' fait toujours comm' ça.

Air: *L'ombre s'évapore,* etc.

Bonjour à Mad'laine,
A ma tante Hélène.
Fouillez dans l' bas d' laine,
J'ai besoin d'argent.
Dans c' métier si traître,
On n'est pas son maître.
Je finis ma lettre,
En vous embrassant.

MES PÉCHÉS

Paroles de F. VERGERON, Musique de CH. LAMOUR.

La Musique se trouve chez **A. HURÉ**, libraire-éditeur, à Paris, rue Dauphine, n° 44, près le Pont-Neuf.

De vieux péchés mon âme est désolée :
Je m'en confesse et demande pardon ;
Sous leur fardeau ma gaîté s'est voilée ;
Souvent, hélas ! j'écoutai le démon.
Ce fier démon qui captive mon âme
A de beaux yeux, un sourire enchanteur ;
Je l'ai connu sous les traits d'une femme :   } bis.
Voilà pourquoi je suis un grand pécheur.

Lorsqu'à vingt ans la voix de la patrie
Me dit : Enfant ! il faut être soldat,
A ton pays sacrifier ta vie :
J'aurais voulu mourir dans un combat...
Soupir de femme est une loi suprême,
Et ce soupir avait dit à mon cœur :
Ne sois qu'à moi, rien qu'à celle qui t'aime !   } bis.
Voilà pourquoi je suis un grand pécheur.

Du malheureux soulageant la misère,
J'aurai voulu, poète favori,
Faire oublier les peines d'une mère,
En lui parlant de son enfant chéri.
Je ne songeai qu'à mon amour extrême,
De mon prochain j'oubliai le bonheur :
C'est peu d'un cœur pour aimer qui nous aime :   } bis.
Voilà pourquoi je veux rester pécheur.

Paris, A. HURÉ, éditeur et seul propriétaire,
rue Dauphine, 44, près le Pont-Neuf.

Tout exemplaire non revêtu du timbre de l'éditeur sera poursuivi comme contrefaçon.

Paris. — Typ. CHAUMONT et COPIN, 6, rue Saint-Spire.

UN NORMAND
PERDU DANS PARIS.

SCÈNE COMIQUE.
Paroles de JULES CHOUX,
Musique de F. JOUFFROY.

La Musique se trouve chez **A. HURÉ**, libraire-éditeur à Paris, rue Dauphine n° 44, près le Pont-Neuf.

(PARLÉ, *s'adressant au public.*) Pardon, excuse, mes braves gens du bon Dieu !... N'y aurait-il point dans la sociétais, un quelqu'un qui pourrait m' dire ousque j' demeure ?... Ça vous fait rire ?... Eh ben ! moi, j'n'en ons guère envie, allez !... V'là trois jours que j' cours comme un aburi dans c' Paris, demandant à cor et à cri une rue qui finit en I... Eh ben ! j'ons déjà visitais : les rues de Paradis, de Rivoli, de Tracy, de Cléry et d' Poissy... sans comptais les rues d' Bondy, d' Lancry, Servandoni, Rossini et d' Fourcy... De plus, j'ons passais et repassais vingt fois la *Seine*... Eh ben ! j'ons toujours le bec dans l'*eau*.

REFRAIN.

Mon bon mossieu, ma belle dame,
Rapp'lais-moi l' nom d' ma rue en I,
Ou dans vot' Paris, sur mon âme,
J' suis un homme perdu, c'est fini ! } bis.

Album du Gai Chanteur. 19ᵉ livraison.

J'étions v'nu de la Normandie,
Pour, en visitant c' biau Paris,
Plaçais de mes fonds un' partie,
Chez n'un banq'tier, qu'est d'nos pays, (*bis*.)
En débarquant avec ma malle,
Comm' j'avions besoin d' nous coucher,
Dans un sapin d' place j' m'instale,
Je m'endors, et... fouette cocher !

(PARLÉ.) J' lui avions donnais l' mot qui m' conduise dans n'un petit endroit, *point trop cher*. — J'arrivons, j' soupons et j' nous couchons. — Le lendemain, drès la *pique* du jour, je me lève, j' me rase à frais, j'endosse mes plus biaux habits et mes souyers neufs d'il y a deux ans ; enfin, comme on dit : je m' fais brave. Ah ! mais, c'est que quand j'ons mes souyers, je n' sommes plus un paysan, da ! — Crébleu !... que j' me dis comm' ça, puisque te v'là t'à Paris pour huit jours, mon Jean Triquet, faut en proufitais. — Quand ça coûterait core deux écus d' treis francs, aujourd'hui prom'nons-nous !... à demain les affaires ! — Me v'là donc parti,... visitant les boutiques, les bazars, les mounuments,... déjeunant par-ci, dinant par-là, soupant par... ailleurs ; si ben, qu'à l'heure du couchais, si j'étions rendu... d' fatigue, j'étions loin d'être rendu à m' n'auberge, et, le pire, c'est que j'avions oubliais d'en d'mandais l'adresse. Comprenais-vous c't imbécilitais ?... avec 2,000 écus dans ma malle et 10 francs dans ma poche !... ah ! tatigué ! — J' me rappelions ben avoir lu l' nom d' ma rue... un nom en J... comme macaroni !— Ma fine que j' dis, marchons toujours, et quand j' tiendrons la rue, c'est bien l' diable si j' trouvons point la maison !... Ah ! ben, ouiche! Autant

chercher une aiguille dans n'un tas d' fumier. J' n'en
somm's guère plus avançais ! *(Au refrain.)*

    Par tout's les ru's d' la capitale,
    Déchiffrant tous les noms en I,
    Comme un fou, je cours, je détale,
    Et je cherche, en vain, mon garni. *(bis.)*
    Tout's ces ru's en I n' sont point belles...
    Je m' suis trompais... c'est p't être en O...
    En passant par les cinq voyelles,
    J' t'rouv'rai, ben sûr, mon numéro.

(PARLÉ.) N'est point Dieu possible autrement! — Mais ces gens d' Paris ont une si drôle d' manière d' vous obligeais. Ainsi, l' premier à qui que j' m'adresse étiont une espèce d' farceur, qui aviont une médaille en cuivre après sa veste. *(Otant son chapeau.)* Mossieu, que j' lui dis, pourriez-vous m'induquais... le chemin, s'il vous plaît, pour aller dans une rue qui finit en I,... comme macaroni ? — C't homme me r' garde et m' dit comme ça *(Accent auvergnat)* : Dame, ouna rue en I... n'en manque pas j'à Paris,... ya d'abord la rue Dauphine, où vous j'êtes; la rue Chaint-Martin; la rue Chaint-Guignis, qui mène à la porte Chaint-Guignis!... Ma foi, mossieu, c'est p't être ben ça... Il m'indique la route, et après avoir vu toutes les maisons de sa rue Saint-Denis, j'arrive au bout, devant une manière de porte cochère ous qu'il y a écrit : LUDOVIC AUX MOIGNAUX... On me dit que j'étais t'à la porte... Saint-Denis. *(Colère.)* Parbleu! je l' savais ben que j'étais t'à la porte, puisque j' peux pas retrouvais la mienne ; que v'là quatre jours que je serche après. J'avons couchais deux nuits au poste et la troisième chez un pays qui m'a rédigeais une petite liste de rues en I, qui ne m'a servi qu'à m' faire couri, si ben qu'aujour'd'hui,. n-i-ni, c'est fini !... j' peux plus retrouvais mon nid. (*Au refrain.*)

>J' m'en vas rue d' la Vieill' Comédie,
>Ru' d' Cluny, ru' du Pont d' Lodi,
>Ru' d' Buci,... La liste est finie,
>Quand j' suis ru' du Cherche-Midi, (*bis.*)
>Ne sachant plus trop comment faire,
>J'attends que dans c't arrondiss'ment,
>On me réclame au commissaire,
>Ou qu'on m'écriv' poste restant !

(Parlé.) Si ben, que j' couchons, en attendant, rue du Serche-Midi,... c'est toujours une rue en I, — au-dessus d'une laiterie... j'y servons de point... de ralliement. J' vas vous dire comment ça s' fait. — Étant hier suss' les boulevarts, j'avise une de ces espèces d' guérites en pierre, ousque l'on s'arrête pour — passais-moi l' mot — pour... lire les affiches. J' vois dedans un homme qui tournait le dos au monde. Parbleu, qu' je m' dis comme ça, ça doit être un chef de gare... v'là mon affaire ! — Mossieu, que j' lui dis, n' connaîtriez-vous point par ici une rue en I...? y s' retourne et y m' répond : Dam, ya la rue Saint-Louis, la rue Albouy, la rue d' Clichy, la rue du Cherche-Midi ! (*Comme inspiré et l'arrêtant de la main.*) Arrêtais !... Pour le coup, c'est ça : rue du Serche-Midi ! pourriez-vous me dire v'où qu' c'est ? — Rien de plus facile qui répond ; j' vas vous dire vout' chemin. Vous descendais d'abord, la rue d' la Lune... une fois au bout, vous tournez à gauche, vous prenez la 2me à droite, la 3me à gauche... vous voyez là une espèce de petit c... fond de sac ousqu'il y a une filature... de bouchons ! mais vous n' vous en occupez point ; vous laissais là les bouchons et vous filez toujours vout' chemin... Vous prenez la 2ᵐᵉ à droite, la 3ᵐᵉ à gauche et vous marchais tout droit jusqu'à c' que vous trouviez n'un p'tit passage.... Vous verrez même en face, une maison ousqu'y a écrit : MAGASINS DE NOUVEAUTÉS, lingerie, literie, rouennerie, etc.; mais vous n'y faites pas attention ; au contraire, vous filez toujours vout' chemin. Vous arrivez devant une petite place ousqu'il y a cinq rues !... Naturellement vous enfilais celle que vous avez tout dès d'vant vous... à...à gauche ; et... quand vous êtes au bout, c'est là !... c'est-à-dire c'est là... que vous vous arrêtais... et vous n'avez plus qu'à d'mander vout' chemin pour arrivais... rue du Serche-Midi... *(Saluant.)* Ma foi, mossieu, je vous remercie... pourvu qu' j'arrive après-d'main, c'est tout c' qu'y faut !— Allais donc vous y reconnaître, avec une indication en zig-zags pareille ! —Après avoir marchais 8 heures, j'arrive à temps, rue du Serche-Midi, pour reconnaître... que c' n'est point la mienne. Hûreusement que j'avons consultais un agent, qui m'a conseillai d'y renonçai et d'attendre. Renonçai?... c'est ben facile à dire, ça !... Et ma malle ?... et mes 2,000 écus ! *(Tâtant ses poches.)* C'est pas avec 18 sous qui me restent que j' peux offrir une récompense honnête !— Ma fine, j' vas me faire affichais dans le SIÈCLE. J'irons, d' la part de not' maire, qu'est abounais, et si je n' me r'trouvons point dans ses colonnes, c'est qu' j'aurai pas d' bonheur! *(Suppliant.)* Mein doux Jésus ! mein Jésus mignon! paralysais les mauvaises langues ; je vous en supplie, faites qu'elles ne disent point que c'est un canard, car, voyez-vous, je serions toujours le dindon, et j' sommes bon à plumais ! *(Au refrain.)*

LA JEUNE MÈRE,

Paroles de MARC CONSTANTIN, Musique de V. BOULLARD

La Musique se trouve chez A. ZEURE, libraire-éditeur à Paris,
rue Dauphine, n° 44, près le Pont-Neuf.

C'était le soir, la rue était glacée,
Pâle et tremblante, une femme pleurait;
Elle portait, contre son cœur pressé.
Un ange blond, hélas ! qui souriait!
O mon amour ! mon seul bien sur la terre!
Jusqu'à présent, pour toi j'ai tout vendu!
Plaignez, plaignez la pauvre jeune mère,   } bis.
Car son bonheur pour jamais est perdu!

Pour te nourrir, j'aurais vendu mon âme!
Pour te garder, j'aurais donné mon sang!
Et cependant, au parvis Notre-Dame,
Je t'abandonne. Ô mon pauvre innocent!
Va, j'en mourrai; mais, du moins, je l'espère,
Toi, tu vivras, parmi tous confondu!
Plaignez, plaignez la pauvre jeune mère,   } bis.
Car son bonheur pour jamais est perdu!

Dans sa douleur, le couvrant de caresse,
En sanglotant, elle lui dit : Adieu!
Mais une voix, comprenant sa détresse,
Lui dit tout bas : Espérez tout de Dieu !
Prenez cet or, qui bannit la misère,
Pour votre enfant que vous pensiez perdu!
Ne pleignez plus la pauvre jeune mère,   } bis.
Car le bonheur à son cœur est rendu!

ON VA BIENTOT SUPPRIMER LES POCHARDS

COMPLAINTE

Par **Gustave LEROY.**

Air : *Contentons-nous d'une simple bouteille.*

Désolez-vous, pochards à rouges trognes ;
Lamentez-vous, vieux piliers d'assommoirs :
On fait, dit-on, un' loi sur les ivrognes,
On veut qu' chacun comprenne ses devoirs.
D'après cett' loi, que d'puis peu l'on discute,
On n' verra plus sur les quais, les boul'varts,
L'homme descendre au niveau de la brute :
On va bientôt supprimer les pochards !

Soupe à l'oignon complément des ribottes,
J'ai bien des fois admiré ta saveur ;
Chez moi l'oignon se rencontrait par bottes.
Je fus toujours un prévoyant buveur.
Je te maudis... devant un tel scandale,
Légume affreux, n'attends plus mes égards,
Le prix d' l'oignon va baisser à la Halle :
On va bientôt supprimer les pochards !

De temps en temps une étoile brillante,
Ayant pour queue un rayon lumineux,
Rend du raisin la récolte abondante,
Et fait son jus doux et délicieux.
Que la nature aujourd'hui me permette
De refuser ses merveilleux hasards :
Que voulez-vous qu'on fass' de la comète ?
On va bientôt supprimer les pochards !

Marchands de vins, qui vendiez d' la teinture,
Au gain injuste il faudra dire adieu ;
Tout de travers vous penchiez la mesure,
Car le pochard n'y voyait que du feu.
Vous n'aurez plus alors besoin de mettre
Dans votre vin l'élément des canards.
Chaqu' jour la Sein' va remonter d'un mètre :
On va bientôt supprimer les pochards !

Quand je suis gris, ma femme me querelle
(Et ça n' m'arriv' jamais qu' deux fois par jour),
Vous croyez p' t-êtr' que je suis plaint par elle ?
Détrompez-vous, j'ai perdu son amour.
Pourtant j' la bats chaque fois que madame
Veut m'insulter quand j' suis dans les brouillards.
Comment f'rais-j' bien maint'nant pour battr' ma femme,
Puisque l'on va supprimer les pochards ?

Adieu l'eau-d'-vie affreusement poivrée,
Adieu surtout l'absinthe au vert de gris ;
Adieu, le punch, cett' julienne sucrée,
Adieu les vins fabriqués à Paris ;
Adieu, licheurs, vrais piliers des barrières,
Adieu bibons, poivriers et soiffards ;
Adieu surtout aimables camphrières.
On va bientôt supprimer les pochards !

IL ÉTAIT UN' BERGÈRE.

RONDE ENFANTINE.

Il était un' bergère,
Et ron, ron, ron, petit patapon ;
Il était un' bergère,
Qui gardait ses moutons,
Ron, ron,
Qui gardait ses moutons.

Elle fit un fromage,
Et ron, ron, ron, petit patapon ;
Elle fit un fromage
Du lait de ses moutons,
Ron, ron,
Du lait de ses moutons.

Le chat qui la regarde,
Et ron, ron, ron, petit patapon ;
Le chat qui la regarde
D'un petit air fripon,
Ron, ron,
D'un petit air fripon.

Si tu y mets la patte,
Et ron, ron, ron, petit patapon ;
Si tu y mets la patte,
Tu auras du bâton,
Ron, ron,
Tu auras du bâton.

Il n'y mit pas la patte,
Et ron, ron, ron, petit patapon ;
Il n'y mit pas la patte,
Il y mit le menton,
Ron, ron,
Il y mit le menton.

La bergère en colère,
Et ron, ron, ron, petit patapon ;
La bergère en colère,
Tua son p'tit chaton,
   Ron, ron,
Tua son p'tit chaton.

Elle fut à son père,
Et ron, ron, ron, petit patapon ;
Elle fut à son père,
Lui demander pardon,
   Ron, ron,
Lui demander pardon.

Mon père, je m'accuse,
Et ron, ron, ron, petit patapon ;
Mon père, je m'accuse
D'avoir tué mon chaton,
   Ron, ron,
D'avoir tué mon chaton.

Ma fill', pour pénitence,
Et ron, ron, ron, petit patapon ;
Ma fill', pour pénitence,
Nous nous embrasserons,
   Ron, ron,
Nous nous embrasserons.

La pénitence est douce,
Et ron, ron, ron, petit patapon ;
La pénitence est douce,
Nous recommencerons,
   Ron, ron,
Nous recommencerons.

NOUS N'IRONS PLUS AU BOIS.

RONDE ENFANTINE.

Nous n'irons plus au bois, les lauriers sont coupés.
La belle que voilà, la lairons-nous danser,
    La lairons-nous danser?...
      Entrez dans la danse,
      Voyez comme on danse ;
    Sautez, dansez, embrassez
      Celle que vous aimez.

La belle que voilà, la lairons-nous danser?
Mais les lauriers du bois, les lairons-nous faner,
    Les lairons-nous faner?
    Entrez dans la danse, etc.

Mais les lauriers du bois, les lairons-nous faner?
Non, chacune à son tour ira les ramasser,
    Ira les ramasser.
    Entrez dans la danse, etc.

Non, chacune à son tour ira les ramasser.
Si la cigale y dort, ne faut pas la blesser,
    Ne faut pas la blesser.
    Entrez dans la danse, etc.

Si la cigale y dort, ne faut pas la blesser.
Le chant du rossignol la viendra réveiller,
    La viendra réveiller.
    Entrez dans la danse, etc.

Le chant du rossignol la viendra réveiller,
Et aussi la fauvette avec son doux gosier,
    Avec son doux gosier.
      Entrez dans la danse, etc.

Et aussi la fauvette avec son doux gosier.
Et Jeanne la bergère avec son blanc panier,
    Avec son blanc panier.
      Entrez dans la danse, etc.

Et Jeanne la bergère avec son blanc panier,
Allant cueillir la fraise et la fleur d'églantier,
    Et la fleur d'églantier.
      Entrez dans la danse, etc.

Allant cueillir la fraise et la fleur d'églantier.
Cigale, ma cigale, allons, il faut chanter,
    Allons, il faut chanter.
      Entrez dans la danse, etc.

Cigale, ma cigale, allons, il faut chanter,
Car les lauriers du bois sont déjà repoussés,
    Sont déjà repoussés.
      Entrez dans la danse,
        Voyez comme on danse ;
    Sautez, dansez, embrassez
      Celle que vous aimez.

Paris, A. HURÉ, éditeur et seul propriétaire,
rue Dauphine, n° 44, près le Pont-Neuf.

Tout exemplaire non revêtu du timbre de l'éditeur sera poursuivi comme contrefaçon.

Paris.— Typ. CHAUMONT et COPIN, 6, rue Saint-Spire.

PHLIPPOTTE

CHANSONNETTE.

Paroles d'ALEXANDRE TAILLAND.

Air : *du Garçon sans souci.* (BLONDEL.)

J'ai fait une bonne quinzaine,
Et comme il ne m'arrive pas
Très-souvent la pareille aubaine,
A la barrièr' portons nos pas.
Allons, Phlippotte, — Ma redingotte
    Et mon pantalon blanc ;
Nettoi' ta face, — Mets ta limace,
    Et décarrons viv'ment.
    Tra la la la la la la la la,
    Allons, ma Gigolette,
    Montons à la guinguette,
    Tra la la la la la.

Après avoir fait notr' toilette,
Bras d'ssus, bras d'ssous, nous v'là partis
Au grand Vainqueur. Dieu ! quelle fête !
J' trouvons les amis réunis ;
A la cuisine, — Quelle bonne mine,
    Ça m' donne envi' d' manger ;
Allons, Phlippotte, — D'un plat d' gib'lotte,
    Tâche de t'arranger.
    Tra la la la la la la la la,
    C' n'est pas l' tout d' faire la noce ;
    Mais, faut s' garnir la bosse,
    Tra la la la la la.

On t'invit' pour la contredanse ;
J' te permets, Phlippotte, d'accepter,
Surtout monsieur de la décence ;
J' n'aim' pas voir ma femm' chahuter.
A peine en place, — V'là qu'il l'embrasse,
    Prompt'ment j' sors de mon coin ;
A mon athlète, — J' camp' sur la tête
    Un vigoureux coup d' poing.

Album du Gai Chanteur.   20e Livraison.

Tra la la la la la la la la,
C'est comm' ça que j' me chausse ;
Comment trouv' tu la sauce ?
Tra la la la la la.

Avec lui, j' sortons dans la rue ;
N'y a pas d' besoin d' vous, les amis ;
Du muscadin à queue d' morue,
J' vas dégommer les abattis.
On nous regarde ; — Il s' met en garde,
Je n' fais ni z'une ni deux :
J'avanc' sans crainte, — J' lui fais un' feinte,
Le v'là sur son peteux.
Tra la la la la la la la,
Du talon de ma chaussure,
J' lui contrôle la figure,
Tra la la la la la,

J' rentre afin d' passer ma colère ;
J' m'en vas faire un tour dans l' jardin,
Quand près d' moi passe un militaire,
J'entends qu'on l'appelle soudain.
Douc'ment j'avance ; — Dieu ! quelle chance !
Conv'nez qu' j'ai pas d' bonheur :
Ma femme, novice, — F'sait l'exercice
Avec un voltigeur.
Tra la la la la la la la,
A Phlippotte, qui s'expose,
J'enlève quelque chose,
Tra la la la la la.

Voyant que rien ne m'est propice,
Je prends le parti d' me r'tirer,
Et vers la porte je me glisse
Pour qu'on ne puiss' pas m' rencontrer.
D'un pas agile, — D' mon domicile
J'arpente le chemin ;
La mort dans l'âme, — Sans l' sou, sans femme,
Maudissant mon destin.
Tra la la la la la la la,
D'puis ce jour de ribotte,
Je n'ai pas r'vu Phlippotte
Tra la la la la la.

LA BOSSE

RONDEAU

Chanté par M. Charles CONSTANT

Au Café-Concert du Géant,

Dans le **BOSSU AMOUREUX**.

AIR : *Lève les yeux, regarde-moi, ma chère!*
ou : *Air nouveau d'Ernest Bernhardt.*

La boss' de plaire échut à l'homme aimable ;
L'enfant timide a celle de la peur ;
L'aérostat, qui devient dirigeable,
N'est qu'une boss', la boss' de la vapeur.

Ce vieux gourmand que l'on sait pique-assiette,
Et qui vendrait son âm' pour un ragoût,
A, j'en suis sûr, la boss' de la fourchette,
Et puis la boss' de s' faire des boss's partout.

L'ivrogne ador' la bosse de l'ivresse ;
L'acteur se dit : *j'ai celle du succès ;*
Les gamins ont la boss' de la paresse,
Et les Normands la bosse des procès.

Le garçon de caisse a, ma'gré la fortune,
La boss' de l'or qu'il porte tout le jour ;
Et la grisette, ou rousse, ou blonde, ou brune,
A, croyez-moi, la bosse de l'amour.

La portière a la boss' du bavardage ;
L'étudiant, la bosse du plaisir ;
L' troupier Français, la bosse du courage,
Et le Lombard, la boss' de l'avenir.   (*ter.*)

ADOLPHE JOLY.

LE CARNAVAL

CHANSON.

Paroles de JOSEPH ÉVRARD.

AIR : *Ah! cotillon! cotillon!*

V'là l' carnaval, sans égal, sans rival,
    Ivresse et bacchanale !
V'là l' carnaval, sans égal, sans rival,
    Vive le carnaval !

Dès l'aube joyeux, — En curieux,
    Paris s'installe
Sur ses boulevards — Inondés d'un flot d'étendards,
De masques noirs, verts, — Jaunes et pers (1) ;
    Sardanapale
Gaspille en plaisir, — Tout l'or qu'il voudra ressaisir.
    V'là l' carnaval, etc.

Leste et, Dieu merci. — Sans nul souci,
    Voyez Céphale
Qui revient du clou. — Ma tante est humaine, après tout ;
Le dieu des amours — Change en velours
    Son dernier châle
Qui, ce soir, hélas ! — Peut l'aider à faire un faux pas.
    V'là l' carnaval, etc.

(1) Pers, couleur entre le vert et bleu.

Mimant Deburau, — Ce lourd pierrot,
Croit qu'il l'égale.
Puis, de Derruder, — Cet arlequin, veut singer l'air
Plus fine, Nini, — Charmant titi,
D'esprit régale
Le peuple ébahi — Qui vient sourire à ses *lazzi*.
V'là l' carnaval, etc.

Mais, voyez là-bas, — Le bœuf gras!
Marche triomphale
Du culte païen; — Ce grand enfant du peuple y tient;
Laissons se presser, — Se bousculer;
La capitale,
Qui l'admire encor : — Son tombeau sera l'âge d'or.
V'là l' carnaval, etc.

Bravo! Pilodo, — Fait du Prado
Bondir la salle!
Ses bruyants accords, — Du Styx éveilleraient les morts?
— Salut! Balancart! — Ton pas chicard,
Ronde infernale,
Effarouche au bal — La « *candeur du municipal.* »
V'là l' carnaval, etc.

Le jour vient, enfin, — Mettre à sa fin
La saturnale;
Paris, n'entend plus — Que des baisers pris et rendus;
Puis, dans ces conflits — D'amoureux nids,
L'amour s'exhale!
Dieu! qu'il en cuira... — Mais, Esculape en sourira!
V'là l' carnaval, etc.

LE TRÉSOR DU PAUVRE,

ROMANCE,

Paroles de FRANCIS TOURTE. Musique de N. MARTYNS.

La Musique se trouve chez **A. HURÉ**, libraire-éditeur à Paris,
rue Dauphine, n° **44**, près le **Pont-Neuf**.

Pauvre, on voit dans la brume
Sa chaumine qui fume ;
A peine si, le soir,
Il trouve un pain bien noir.
Chez lui, l'argent est rare,
Et pourtant, père avare,
Il cache à tous les yeux
Un trésor précieux !
Ce trésor, c'est Marie,
C'est sa fille chérie,
Et pour lui, tout votre or,
Ne vaut pas, ne vaut pas ce trésor ! } *bis.*

Avec indifférence,
Il voit votre abondance,
Vos fastueux palais,
Pleins de brillants valets.
Dans son réduit modeste,
Sa blonde enfant lui reste,
Et c'est lui, voyez-vous,
Le plus riche de tous !
Son trésor, c'est Marie,
C'est sa fille chérie,
Et pour lui, tout votre or, etc.

Pour cet ange, le prince
Donnerait sa province ;
Mais le pauvre pêcheur,
Répond au grand Seigneur :
Gardez votre or qui brille,
Moi, je garde ma fille ;
Vos trésors sont trop peu,
Le mien me vient de Dieu
Mon trésor, c'est Marie,
C'est ma fille chérie,
Et pour moi, tout votre or, etc,

LE
MARCHAND DE MASQUES

CHANSON
Paroles de **JOSEPH ÉVRARD**.

Air : *de Marianne.*

Lorsque j'eus passé la trentaine,
Mon vieux père me dit : Garçon,
Longtemps de fredaine en fredaine
Je t'ai vu comme un limaçon.
Vrai Diogène, — Traîner sans gêne,
Ton sans façon, — Ton rire et ta chanson ;
Mais, en ce monde, — Où l'or abonde,
Bien pauvre sot — Qui n'a point un magot.
Bien qu'ils te sembleront fastasques,
J'ai mes projets pour t'établir ;
Mon fils, si tu veux réussir,
Fais-toi marchand de masques.   (*bis.*)

Qui fut dit, fut fait le jour même ;
Moi, boutiquier, qui l'aurait cru ?
Le philosophe, le bohème,
Devint un bon bourgeois ventru !
Sur le portique, — De ma boutique,
Soir et matin, — Plus d'un rusé frontin
Lit sans lunette — Cette bluette,
Qu'à tout hasard — J'ai fait peindre sans fard :
Nouveaux Mengin, porteurs de casques,
Adroits faiseurs ou plats valets,
Vos gros visages sont trop laids :
Prenez, prenez des masques.   (*bis.*)

Dans ma boutique, Irma, Rosine,
Entrez, et l'on vous servira ;
L'ampleur de votre crinoline
Me dit quel masque il vous faudra,

Vos amourettes, — Froides lorettes,
Lorgnent d'abord — La clé du coffre-fort ;
Et votre œil fauve, — Beautés d'alcôve,
Toujours éprend — Quelque naïf amant !
Mes nymphes, au tambour de basque,
Vivez d'amour d'occasion...
Mais, pour laisser l'illusion,
Prenez, prenez un masque.   (*bis.*)

C'est le comble de l'infamie !
Quoi ? ce drôle me vient prier,
Que d'un masque de bonhomie
Je pare son front d'usurier !...
A la semaine, — Et non sans peine,
A vingt pour cent, — Il se montre obligeant !
O ! droit d'usure ! — Quelle imposture !...
Jusqu'au malheur, — Tout a son exploiteur !
— Crains nos populaires bourrasques,
Toi, que la misère engraissa...
Usurier ! — pour ce métier-là...
Que ne suis-je sans masques.   (*bis.*)

Si j'ai gagné dans mon commerce
Le dégoût des pâles humains ;
Du vice où chacun d'eux s'exerce,
Ma foi, je me lave les mains.
Ma clientèle — Se renouvelle,
La vérité, — Fuit la société...
Et journalistes, — Banquiers, banquistes,
Matin et soir — Assiègent mon comptoir !
Empochant l'or à pleines basques,
Je dis, en comptant mon trésor :
Longtemps, ma foi, longtemps encor
On portera des masques.   (*bis.*)

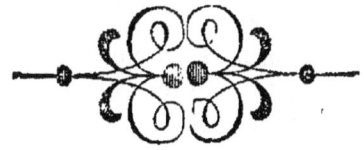

BLONDINE,

HISTORIETTE.

Air : { *Dans la main de Dieu!*
{ *Ma foi, tant pis!* (E. Delisle.)

Gentille chevrière,
Un jour, sur son chemin,
Ramassa l'aumônière
Du seigneur châtelain.
Dans la riche aumônière
Etaient vingt écus d'or;
Pour la pauvre bergère.
C'était tout un trésor...
— « L'or qui te rend si fière, — Hélas! n'est pas à toi :
Gentille chevrière, — Reporte-le, crois-moi. »   (*bis.*)

Blondine était coquette,
Et sans cesse rêvait
Bijoux, riche toilette,
Que son cœur enviait!
Un bon ange, sans doute,
Pour combler tous ses vœux,
Avait mis sur sa route
Ce butin précieux... — L'or qui te rend, etc.

Et l'enfant dans sa joie,
En comptant son trésor,
Voyait robes de soie,
Montre et bracelets d'or!
Lorsque la voix bien tendre,
Qui lui parlait d'honneur,
Se fit soudain entendre
Dans le fond de son cœur. — L'or qui te rend, etc.

La pauvre Blondinette,
N'écoutant que l'honneur,
Sans regrets, en cachette,
Rendit tout au seigneur,
Qui lui dit d'un air tendre :
Blondine, à toi mon cœur...
Je t'aime, et veux te rendre
Tes rêves de grandeur.
De ton bonheur, sois fière, — Mes biens, mon cœur, ma foi,
Gentille chevrière, — Aujourd'hui sont à toi! »   (*bis.*)

JULES CHOUX.

TABLE
DES
CHANSONS, ROMANCES, CHANSONNETTES et SCÈNES COMIQUES,

Contenues dans le premier volume de

L'ALBUM DU GAI CHANTEUR.

1re Livraison.

Mariez-vous donc ! Gaudriole populaire.	1
Moi, ça m'amuse, Chansonnette.	4
M. et Mme Denis, Souvenirs nocturn. de 2 époux du 17e s.	7
L'Oiseleur, Romance.	12

2e Livraison.

Peut-on savoir où Dieu nous conduira, Chanson.	13
La Cachette aux épargnes, Romance.	16
Chanson de la Brise, Romance.	17
Les Conscrits, Marche guerrière.	18
Les Chats et les Rats, Scène comique avec parlé.	20

3e Livraison.

A la ronde, buvons donc, Refrain populaire.	25
Le créancier de Marthe, Chansonnette.	27
Aussitôt que la lumière, Chanson de table.	28
J'viens d'hériter, Scène comique normande.	30
Laissez les prunes aux pruniers, Parodie.	35

4e Livraison.

Béranger à l'Académie, Chanson.	37
Dieu ne peut pas m'en vouloir, Chansonnette.	39
Légende de la Bergère, Ballade.	40
Pierre au retour, Romance.	42
Le gros Farceur, Chansonnette de genre.	43
Un acteur bien à plaindre, Scène comique avec parlé.	45

5e Livraison.

Désaugiers à l'Académie, Chanson.	49
Les Brouillards, Chanson de table.	51
V'là c' que c'est que d'êtr' papa, Couplets.	52
Les plaisirs du rivage, Chansonnette.	54
Les Marionnettes de petit Jacques, Chansonnette.	55
Le Sommeil, Romance.	57
Feu, feu M. Mathieu, ou l'Original sans copie, Chanson.	58

6ᵉ Livraison.

Le Sou, Rondeau de théâtre.	61
L'Atelier du peintre, ou le portrait manqué, Chans. anc.	63
Souvenirs des premières amours, Romance.	66
Les cottes de Margot, Chanson sur un refrain populair.	67
Jean Belin, le petit peintre, Lég. hist. arr. en sc. com.	69

7ᵉ Livraison.

Lève les yeux, regarde-moi, ma chère, Rondeau.	73
L'avantage d'être poisson, Bêtise aquatique en 4 coupl.	75
Le batelier du Nil, Mélodie arabe.	77
Chanson du Zouave, dans le duel de Benjamin.	78
Le vin de Bourgogne, ronde bachique.	79
Rubans, fleurs et dentelles, Historiette.	81
Pauvre fille, pauvre mère, Berceuse réaliste.	83

8ᵉ Livraison.

La Vestale, pot pourri de Désaugiers.	85
La Marseillaise, chant national de 1792.	93
Gentille Annette, Chanson ancienne.	96

9ᵉ Livraison.

Il faut r' mercier l' bon Dieu d' tout, ou l'optimiste, Ch.	97
Les embarras d'un chansonnier, Chansonnette.	100
Elle aime à rire, elle aime à boire, Chanson bachique.	102
Les dieux d'Homère, Chanson nouvelle.	103
Le chant des volontaires Français, chant de guerre.	104
Les Journaux de Paris, Actualité de 1859.	105
Trotte, Cocotte, Simple histoire.	107

10ᵉ Livraison.

Leçon de danse donnée par un zouave à un autrichien.	109
Italie, souviens-toi ! Hymne de résurrection.	112
La question italienne, Scène militaire à 2 personnages.	118
Les belles d'Italie, chant de reconnaissance.	121
Vaincre ou mourir pour la patrie, chant de guerre.	123

11ᵉ Livraison.

La tante Marguerite, Chansonnette.	125
C'est le bon vin, Chanson bachique.	126
Une baignade aux Deux Lions, Gaudriole.	128
Ronde bachique (Nouvelle).	130
La manière de s'en servir, Chanson nouvelle.	131
Le chant de Gérard, le tueur de lions, Romance.	133
La romance du masque de fer.	135

12ᵉ Livraison.

Le Nez, Rondeau nouveau.	137
Les Boutons et les Fleurs, Romance.	139
Ecoute, écoute, écoute, Tyrolienne ancienne.	140
Prière d'une jeune fille, Romance.	141
Si le vin coulait dans la Seine, Chanson bachique.	142
V' là l' tort que t' as, conseils de maçon à maçon, Gaudr.	143
Jean-Bête, Chanson.	145
Héloïse et Abailard, Lamentations posthumes.	146

13ᵉ Livraison.

Les Cœurs, Rondeau-chansonnette.	149
La danse n'est pas ce que j'aime, Ariette de Richard.	151
Le garçon de salle, Chanson ancienne.	152
L'Amnistie, chant d'actualité.	154
Le chien du marchand d'éponges, Scène comique anc.	155
Le Voyageur gastronome, Ronde.	159

14ᵉ Livraison.

L'arrivée d'un Allemand à Paris, Chansonnette comiq.	161
Il faut des époux assortis, Romance du Prisonnier, etc.	165
Une fièvre brûlante, romance de Richard-cœur-de-Lion.	166
O Richard ! ô mon roi ! air de Richard-cœur-de-Lion.	167
Moïse, Scène dramatique.	168
Une vieille fille à marier, Scène comique avec parlé.	170

15ᵉ Livraison.

Petit papa, Chansonnette.	173
Il faut boire, Chanson de Brazier.	175
Les Démolisseurs, Chanson.	176
Irma, Romance.	178
Va donc ! Parodie.	179
L'Allemand fabuliste et conteur, Scène com. pot pourri.	181

16ᵉ Livraison.

Aimons, buvons, chantons, Ode anacréontique.	185
Pierre et Pierrette, Historiette.	187
Les Auvergnats, Chanson.	190
Zidore, Chansonnette.	191
La nouvelle Favorite, Romance.	193
On verra c' que ça d'viendra, chanson de Brazier.	194
Bonheur, amour et gloire, Chimères.	196

17ᵉ Livraison.

Maure et captive, Romance.	197
Le vin Bleu du père Michel, Chanson.	199
La Fiancée, Romance.	200
Le Réveil de la Chanson.	201
Le Grand Petit-Poucet, tour de marotte en 54 couplets.	202

18ᵉ Livraison.

Grandes Vérités, ancienne Chanson.	209
Les deux Amours, Romance.	212
Les gais Pipeaux, Chanson.	214
Mes Péchés, Chansonnette.	215
Partant pour la Syrie, chant national.	216
Lettre d'un Conscrit à son père, mod. épist. pot pourri.	217
Un bon Vieillard, Chanson.	220

19ᵉ Livraison.

Un Normand perdu dans Paris, Scène Comique.	221
La Jeune Mère, Romance.	226
On va bientôt supprimer les Pochards, Complainte.	227
Il était un' Bergère, Ronde enfantine.	229
Nous n'irons plus au Bois, Ronde enfantine.	231

20ᵉ Livraison.

Philippotte, Chansonnette.	233
La Bosse, Chansonnette.	235
Le Carnaval, Chanson.	236
Le Trésor du Pauvre, Romance.	238
Le Marchand de Masques, Chanson.	239
Blondine, Historiette.	241

FIN DE LA TABLE.

Paris. — Typ. CHAUMONT, 6, rue Saint-Spire.

www.ingramcontent.com/pod-product-compliance
Lightning Source LLC
Chambersburg PA
CBHW070524170426
43200CB00011B/2317